世界史中的小故事與大變遷

以「大歷史」的宏觀角度
重新看待宇宙、世界與人類

THE SHORTEST HISTORY OF THE WORLD

U0545284

David Baker
大衛・貝克——著　林金源——譯

獻給大衛·克里斯欽

目錄

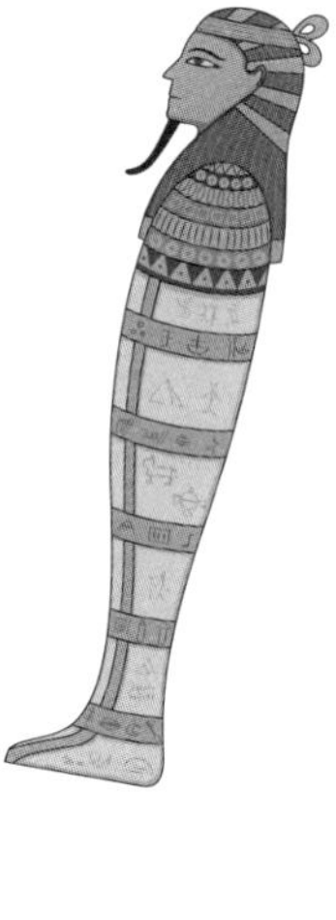

第3部　文化階段——三十一萬五千年前迄今

【前言】不只人類，也包括無垠的宇宙

文／約翰・葛林（John Green）

人類喜歡好故事，而且因為我們是一個有點自戀的物種，所以特別喜歡關於我們自己的故事——我們如何、以及為何出現在這裡。如今，我們稱這個故事為歷史，但長久以來，我們對歷史採取狹隘的定義，結果大大扭曲了現實。

就讀高中時，我學到「有記載的歷史」（recorded history）始於大約五千年前文字發明時。然而，這個定義忽略了幾乎所有、或至少百分之九十五的人類故事。當然，我們無法像了解成吉思汗或埃及豔后克麗奧佩托拉（Cleopatra）那樣深入地了解十萬年前的人類，但將他們從中抹除，會使人類的故事看起來比實際上新得多。當你想像我們的故事是始於農業、文字或任何特定的創新出現時，人類的故事看似是一條上升曲線：人類的壽命逐漸延長。人們愈來愈少挨餓、愈來愈不貧窮，教育程度也愈來愈高。我們更廣泛地共享技術的進展，各種創新不斷湧現，讓我們的生活得以日益改善。

然而在人類歷史的大多數時期，情況不盡然如此。隨著小型社群將知識代代相傳，重大的創新出現了，但人類的生活並非總是持續變得更健康或更具生產力。正如你將從本書中了解的，早在我們弄清楚如何發展出農業、蒸汽機或抗生素之前，我們差點就滅絕了。在人類歷史中，我們成為這個星球上的強勢物種的時間，不過是極短暫的一瞬，如果不理解這一點，我們就無法有意義地估量我們對地球及其生物圈所造成的劇烈與驟然的改變。

狹隘的歷史觀也常錯誤地將「硬」科學——化學、物理學、生物學——與「軟」人文學科——歷史、文學和人類學截然二分。我們不能獨立看待人類的故事——誠如我們若不了解造成鼠疫的耶爾森菌（Yersina pestis）和傳染它的老鼠，就無法了解十四世紀歐洲。如果我們不能領略時間的起點，以及我們每個人都源自於星辰，那麼我們就無法理解地球上的生命是如何形成的。

在本書中，大衛・貝克（David Baker）帶領我們探索的不只是人類這個物種，也包括無垠宇宙的歷史。我們既非這段故事的結束，也非其開端，而是出現於這個即使我們消逝之後、仍會繼續延續下去的故事中間。明白宇宙歷史的廣闊，會讓個人或物種感覺到自身的極度渺小。然而，這也提醒我們生命是多麼神奇、多麼驚人。如同貝克所言，當我們仰望夜空，我們觀看的不是宇宙，我們就是在看著自己的宇宙本身。

【自序】我們從哪裡來，要到哪裡去？

本書追溯了宇宙中所有「事物」的連續歷史變遷，從宇宙大爆炸到生命演化、再到人類的歷史，從簡單的氫氣團轉變成為複雜的人類社會。歷史讓我們得以體驗到許許多多、而非僅只單一的生命歷程，這個獨特的故事也灌輸給我們融合了數十億年的經驗。如果一般人至少能像了解自己國家歷史的關鍵時刻那般了解「萬物故事」的關鍵節點，那麼許多關於人類身分、哲學和未來的困惑就能夠得到釐清。

將眼光拉遠鳥瞰一百三十八億年，能使我們超越人類事務的紛亂，看清歷史的整體樣貌和軌跡。宇宙中**複雜性的興起**是貫穿這整個宏偉敘事的主線，從第一個原子到最初的生命，再到人類以及我們所創造的一切。它讓我們得以穿越漫長的時光而不被細節淹沒——因為答案所需的細節多寡，取決於問題的本質。在本書中，我們只簡單地問一句：我們從哪裡來，要到哪裡去？

說到未來，我指的是接下來的百年、千年、百萬年、十億年，甚至一兆年、千兆年，直至宇宙可能的終點。這也是本書所要探索的。

科學恐懼症患者，請你們放心，書中不會出現數學方程式，而且我會用簡單的白話文來說明奇異的宇宙現象。對於歷史愛好者而言，人類可能如同我的某位同事所說，在漫長的一百三十八億年中，只占了有如「艾菲爾鐵塔頂端一層最薄的漆」，然而基於極其真實且客觀的原因，人類在這個故事中卻扮演著非常重要的角色。據

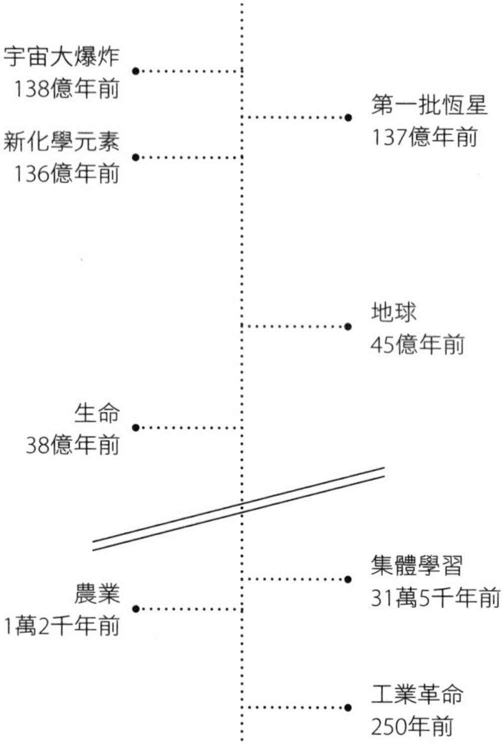

我們所知，人類社會和技術是整個宇宙中迄今最複雜的結構。我們是由八十億個飛速運轉的大腦所緊密交織而成的網絡，每個大腦的節點和連結數量比銀河系中的恆星還要多。下一回複雜性的興起很可能來自我們——或至少是宇宙中其他地方和我們以相似方式演化的生物。

法國歷史學家費爾南·布羅代爾（Fernand Braudel）曾將近代歷史上的政治事件比喻為時間深海表面的氣泡和翻騰的浮沫，今天存在，明天就消失了。想要真正了解我們所在何處與將往哪裡去，必須探索更深層的水流和潮汐。宇宙的繁複性不斷增加，推動著這整片歷史的海洋。這種日益複雜的趨勢創造了我們，並持續改變我們。令人驚訝的是，具備自我意識的人類，如今已有掌控複雜性未來走向的能力。

我們的過去可分成三個階段。

- 無生命階段（The Inanimate Phase）：一百三十八億至三十八億年前
- 有生命階段（The Animate Phase）：三十八億至三十一萬五千年前
- 文化階段（The Cultural Phase）：三十一萬五千年前迄今

每個階段都對應著複雜性的大幅提升。無生命階段涵蓋了從宇宙大爆炸到地球形成時的無生命宇宙。有生命階段始於地球海底的第一個微生物生命，並見證了無數複雜物種和生態系的演化。文化階段則始於人類能在短時間內累積更多知識、發展工具和技術的能力，儘管我們在生物層面並沒有太大變化，但這徹底地改變了我們的行為和生活方式。在每個階段，複雜性都會急劇增加：從宇宙的轟鳴撞擊和閃電雷鳴，到天擇的世代演化，再到文化進化或**集體學習**。歷史變遷的節奏也迅速加快：宇宙產生變化可能需時數十億年，演化的改變要數百萬年，而文化變遷則以千年、百年、年——甚至以天為計。

每次複雜性的變化、以往的每個重大事件，還有每種新出現的演變形式，無不建立在先前事物的基礎上。

我們的故事還有第四個階段——未知階段，在這個階段，複雜性將再次躍升，並開啟宇宙演化和歷史變革的全新階段。或許人類將讓位給具有自我意識、加速創造和創新的人工智慧力量。也許人類會將自己的意識上傳到電腦並穿越銀河系。也許量子物理學將能前所未有地操縱宇宙的構成要素和基本定律。我們唯一能確定的是，除非複雜性被徹底摧毀，否則複雜性愈來愈高只是遲早的問題。而且在人類世界裡，變化發生得愈來愈快了。生活至今的世世代代人類，在這開展了一百三十八億年的故事中扮演著關鍵角色。藉由理解這段悠久的故事，我們將能更完善地制定未來幾十億年的長遠計畫。

第1部

無生命階段

一百三十八億至三十八億年前

第1章

宇宙大爆炸

> 宇宙中的所有「東西」都出現了／空間似乎為我們提供了一個安置所有「東西」的地方／時間出現並使那些「東西」得以改變形式（亦即擁有歷史）／這所有「東西」都是原始的能量和物質，轉化成我們周遭各式各樣的事物。

「砰」地一聲巨響。

一百三十八億年前，出現了一個微小、熾熱的白點。它小到一開始用肉眼或任何儀器都看不見，除非用最強大的現代顯微鏡，如果當時存在的話。

那是時空連續體以及其中極高溫、極緻密的能量的顯現。除此之外什麼都不存在。宇宙中一切事物的所有成分都包含在其中。自那時起，它們只是改變了形式，彷彿宇宙是一團黏土，歷經好幾十億年的時間被塑造和重塑成無數的形狀。

歷史上絕對的最初時刻，是宇宙大爆炸後的10^{-43}秒，或者將1.0的小數點向左移動四十三次後的：0.0000000000000000000000000000000000000000001秒。

一瞬間。這是我們所能測量的最短時間。更短的時間在物理上是沒有意義的，因為宇宙中沒有任何物體能夠移動得這麼快，快到能在更短的時間內顯現出哪怕是最細微的變化。10^{-43}秒是光在量子層面上行進最短距離所需的時間。任何更短的時間快照（例如10^{-50}秒）

看起來與10^{-43}秒完全相同。它就像電影的第一幅畫面。

這時的宇宙比原子還小，甚至小於構成原子的粒子。由於宇宙中所有東西的壓力都被局限在那個狹小的空間裡，所以溫度高到難以置信。高達142,000,000,000,000,000,000,000,000,000克耳文（Kelvin，簡寫K）[1]或142×10^{30} K（如此高溫之下，攝氏和華氏溫度實際上完全相同）。物理定律本身無法保持連貫性。宇宙非常熱，以至於使其運作的各項定律都處於「融化」狀態。這是真正、純粹的一團混沌。《愛麗絲夢遊仙境》和一品脫的迷幻藥（LSD，麥角酸二乙醯胺，一種強烈的致幻劑）。

宇宙大爆炸後10^{-35}秒的微瞬之間，宇宙便膨脹到一個葡萄柚的大小。它變得肉眼可見，溫度冷卻到11.3×10^{27} K以下。這個溫度已足夠冷，使得物理學的四種基本作用力得以「硬化」（harden）成如今的形式。重力、電磁力、強核力和弱核力變得連貫一致。此時，宇宙受到物理定律所支配。如果當初它們硬化時的平衡稍有不同，宇宙的演化將會截然不同。

值此期間，量子層面的波動使得極小量的能量聚集在一起。宇宙中的能量分布有**極其微小地**不均勻。這些能量團將演變成宇宙中的所有物質、複雜性、恆星、行星、動物和「東西」，包括你在內。

1 編按：國際單位制中熱力學溫度的單位，也是國際單位制七個基本單位之一。以英國物理學家克耳文勳爵命名，用來表示熱力學溫標。熱力學溫標的零點是絕對零度，即所有熱運動停止的溫度——負二七三·一五度C。

大爆炸後10^{-32}秒，宇宙的寬度約為一公尺，吃力的工作已經完成。這個鐘錶上緊了發條，機械裝置運轉就緒，開始滴答作響。在最初的一瞬間，我們的命運已經被刻寫在宇宙的結構中。剩下的，如人們所說，已成為歷史。

在接下來的十秒內，宇宙的寬度增長到十光年，隨著宇宙持續冷卻至五十億K，由純能量凝結而成的微小粒子開始旋轉。它們是夸克和反夸克、正電子和電子。它們相互對立。物質和反物質。大量物質與反物質相碰撞，瞬間爆炸，重新轉化成能量。只有十億分之一的物質找不到反物質夥伴，而正是這極小一部分的物質，構成了我們今天所見的宇宙中的所有「東西」。此時，就在故事的前十秒內，發生了一個奇蹟，拯救了我們免於不存在。

接下來的三分鐘，宇宙繼續膨脹。宇宙的寬度超過一千光年：一片被濃密、無情的輻射所主宰的海洋。倖存的夸克在依舊高溫的作用下聚合成質子和中子。這些質子和中子轉而形成氫原子和氦原子的核心（原子核）。氫和氦是所有元素中最簡單、也是最早存在的元素。氫只需要一個質子做為原子核，氦需要更多的成分，因此為數較少。宇宙溫度冷卻至一億K以下——速度太快了，以至於許多其他元素還來不及產生（只有微量的鋰和鈹），更重的元素必須留待好百萬年後恆星形成時才會出現。

宇宙持續膨脹和冷卻了無數年，比智人存在的時間還要久。大爆炸後三十八萬年，宇宙的寬度超過一千萬光年，溫度冷卻到三千K——是熔岩溫度的兩倍，足以熔化黃金，或者使鑽石像夏日的冰塊一樣滴融。這時高溫仍然足以消滅大多數複雜性，但已冷到足夠讓氫原子核和氦原子核捕獲電子，成為成熟的原子。宇宙開始充滿氣體雲。

宇宙的密度也變得更低，使光子得以首度自由穿過濃厚的輻射和粒子湯。當這些光子朝著所有想像得到的方向飛去時，出現了一道炫目的閃光。這種光稱作宇宙微波背景（Cosmic Microwave Background，簡稱CMB），如今可在宇宙的各個方向被探測到。事實上，如果你將收音機或電視調成只蒐集雜訊，大約會有百分之一的雜訊將來自宇宙微波背景。這是宇宙的第一張嬰兒時期照片，也是我們遠古

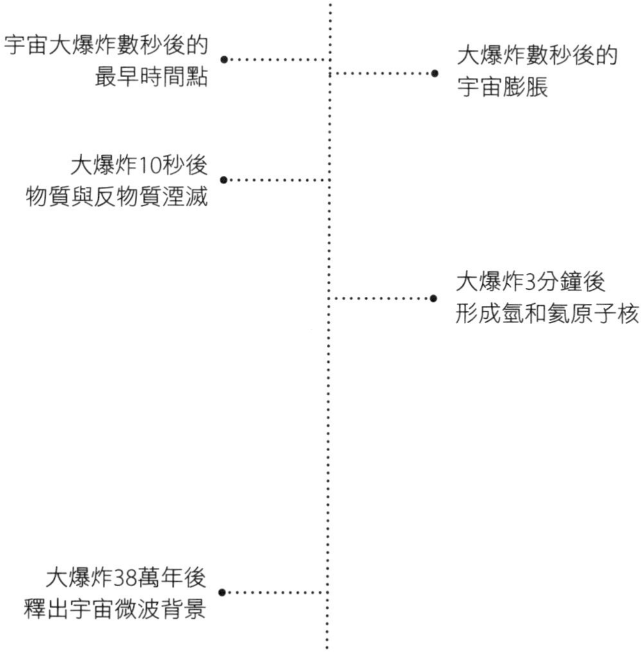

的第一個可見文物。

我們如何知道宇宙大爆炸發生了？

我們得知宇宙大爆炸發生的原因有幾個。首先，無論是在地球上或透過望遠鏡，我們都無法在宇宙中找到任何被證實年齡超過一百三十八億年（這是目前估計的宇宙年齡）的東西。如果宇宙是無垠和永恆的，那麼我們會遇見有一千零五十億年或八百零二兆年歷史的東西。

其次，如果膨脹中的宇宙在短短幾分鐘內變得極其熾熱，但隨後又迅速冷卻，沒有時間形成許多較重的元素，那麼我們宇宙中的正常物質會如你所預期的，主要是氫和氦。再者，如果宇宙是無限古老和無限大，那麼我們就無法清楚地解釋，為何宇宙的化學成分會是如今這般。在無限的宇宙中，有無數的恆星爆炸成超新星，因此我們沒有顯著的

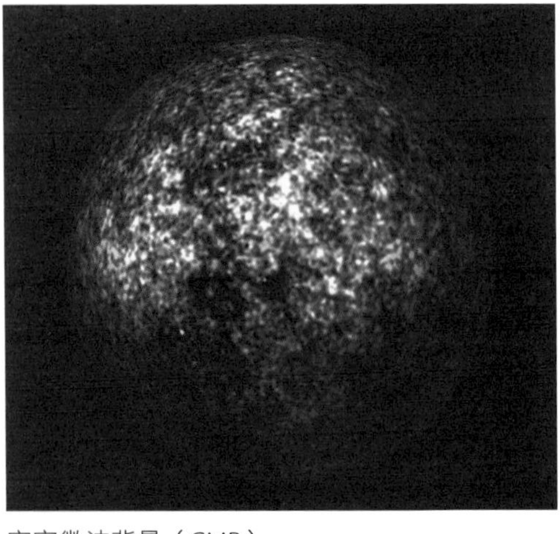

宇宙微波背景（CMB）

理由不認為宇宙中會存在著和氫一樣多的黃金。

第三，一九二〇年代，愛德溫・哈伯（Edwin Hubble）在繪製宇宙圖時發現，隨著宇宙的膨脹，大多數星系都在離我們遠去。透過邏輯推論和反向計算，哈伯發現宇宙中的所有星系必定曾被擠壓在一個固定點上。

儘管有這項發現，但大爆炸理論並非幾十年來的宇宙學主流理論。這導向了第四個、也是最重要的證據：大爆炸三十八萬年後出現的宇宙微波背景。如果大爆炸理論是正確的，那麼經過成千上萬年的宇宙膨脹，物質、電漿和輻射的擠壓將會擴散到足以讓光能夠自由傳播，宇宙中就會出現一道璀璨的閃光。一九四〇年代，物理學家預測我們應該能在天空的任何地方看到這道閃光的殘餘，而這正是無線電工程師阿諾・彭齊亞斯（Arno Penzias）和羅伯特・威爾遜（Robert Wilson）在一九六四年發現的事。當時他們並非有意尋找這道光，而是在努力去除了高靈敏度無線電天線上的所有靜電後，卻仍無法消除一種微弱的嘶嘶聲，經過多次校準、射殺在天線上拉屎的鴿子後，一位來自普林斯頓的物理學家才告訴了他們這項科學發現。大爆炸從此成為宇宙起源的主要解釋，往後的所有工作都只是為了證實或釐清這個理論的整體架構。

宇宙長什麼樣子？

在大爆炸後的第一瞬間，宇宙從量子粒子的大小膨脹到葡萄柚的大小。一秒鐘之內，宇宙就比我們的太陽系還大。四年後，它比銀河系還大。

我們所知的宇宙目前橫跨了九百三十億光年。這意味著數十億年前誕生的恆星和星系距離我們過於遙遠，它們的光還沒有機會到達我們這裡，因為自從宇宙誕生以來，僅僅過去了一百三十八億年。我們從地球上可看見的東西被稱作「可觀測宇宙」（Observable Universe），但在視界之外，還有許多我們無法看見的東西。

此外，由於光從遙遠的物體傳來需要時間，因此我們看得愈遠，所看到的就是愈久遠以前的過去。舉例來說，鄰近的仙女座星系距離我們兩百萬光年。因此，當你透過望遠鏡觀察時，所看到的是它大約存在於直立人開始在地球上漫遊、劍齒虎仍是讓人擔憂的威脅時。

從地球朝任何方向觀看，都能看見可觀測宇宙，就此意義而言，可觀測宇宙是一個球體。然而，這並非**整個**宇宙的形狀。物理學家已經確定宇宙具備「零曲率」（zero curvature），這表示它不會在某個點彎向自己。它像桌面一樣朝任何方向不斷延伸，無止盡地擴大，可觀測宇宙只是其中的一小區塊：就像桌上咖啡杯留下的一圈痕跡，而地球，只不過是那圈咖啡印內某處的一根微小木頭纖維。

假設我們用人類的眼睛從很遠的地方觀察整個宇宙，那麼宇宙的顏色就是米色的。如果你觀看可觀測宇宙中所有恆星發出的光的混合，就像你縮小視野並同時觀看整個宇宙那樣，那麼宇宙泡泡的顏色會是米色的。宇宙學家試著將這種色調稱作「宇宙拿鐵」來平添趣味，但它確實就是米色。我個人很喜歡宇宙是米色的這個事實，這讓宇宙顯得稍稍不那麼令人生畏。

什麼是多重宇宙？

請容許我暫時變得有點古怪。大爆炸模型（目前最被廣泛為接受的模型）的一個必然結果，是出現被稱作「永恆膨脹」的現象，意思是，雖然我們的可觀測宇宙咖啡環已經脫離膨脹，而且膨脹速度比第一瞬間要慢，但桌面的其他部分可能仍以相同的速度在膨脹。而且還會有其他的咖啡環（也就是其他所謂的宇宙），它們的物理定律和歷史事件的變化與我們的宇宙完全不同。這個過程將會永遠持續下去。這個由各種不同的「宇宙」所組成

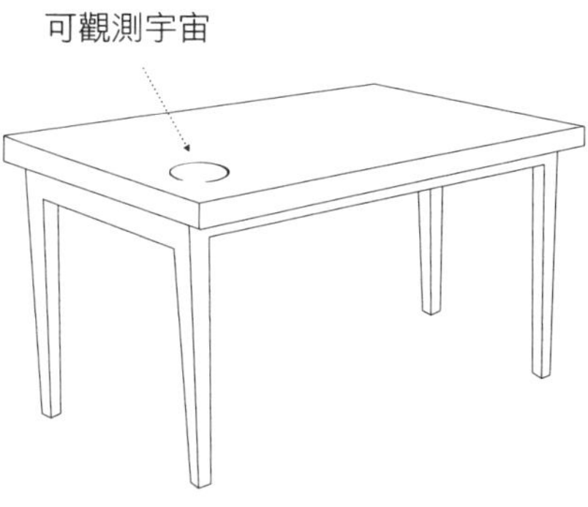

可觀測宇宙

的集合——其中每個宇宙的規模大致都與我們的「可觀測宇宙」相當——被稱作多重宇宙（Multiverse）。

然而「多重宇宙」這個用語並不恰當：它們都是同一個宇宙，只不過是桌上不同的斑痕或咖啡漬，具備不同的物理特性。物理定律的衍生數量幾乎是無限的（10^{500}或約莫可觀測宇宙中原子數量的六倍），每套物理定律可能導向許多不同的歷史結果。這意味著——如果假設是正確的——在你讀到這句話的一．五秒前之處，還存在著另一個「宇宙」。在這另一個宇宙，你根本沒有出生。還有另一個沒有星星的宇宙、一個沒有發生過第二次世界大戰的宇宙。也有一個你的臉看起來像棉花糖、而人行道看起來像披薩的宇宙。種種你所能想到的可能的變化，而且還不止如此。

如果這個假設是正確的，那麼一旦來自其他已經出現的、最近的「宇宙」的光（如果它們有光這種東西的話）最終抵達我們這裡——大約三兆年之後，我們應該就能證實這個假設。

我們該如何理解宇宙大爆炸？

如果試著理解我們的宇宙是如何開始的，會讓你感到存在主義式的頭痛，這不是你的錯。人類是在一個有著固定規則、比較古老的宇宙中進行演化的，我們的大腦和感知也是如此，因此我們的大腦並不太容易理解發生在我們所直覺明白的物理學建立之前的事件。為了讓人類這個物種能夠存活下去，我們本能地演化成對這個世界有足夠的理解：上升的東西必定會下降、有因必有果，雞生蛋、蛋生雞。其餘的則需要更多時間和思索。

想像一個斑點，一個極小的斑點。這是發生在距今一百三十八億年前、10^{-43}秒間的宇宙大爆炸奇點。所有的能量和物質都包含在這個斑點裡。這是我們的故事其餘部分的所有材料。但無論如何，你都不要想像斑點外面還有空間。空間是我們宇宙的一個屬性，而且完全存在於宇宙之中。隨著宇宙的膨脹，更多的空間被創造出來。甚至不要想像斑點外面一片漆黑，就像我們在夜晚的星星之間看到的那樣。這就是空間。大爆炸發生時，除了這個斑點，此外什麼都沒有。

事實上，請你拿一張紙和一支筆，並在紙的中間畫一個小點。然後用剪刀將點以外多餘的紙全部剪掉。這便是早期的宇宙。這個蘊含了全部時間、空間、能量的原始原子，已經變成至今仍在擴大的桌面。

大爆炸之前發生了什麼事？

在大爆炸之前，時間並不存在，因此，沒有大爆炸「之前」這回事，就像聲稱是你把你的父母介紹給對方認識一樣：此事毫無意義。

大爆炸之前，空間也不存在。大爆炸「之前」沒有空間讓任何事情發生，也沒有時間讓任何事情發生。大爆炸之後，宇宙從一丁點大擴展到目前橫跨九百三十億光年的規模（而且還在增長中）。空間是大爆炸後的現象，時間也是。在大爆炸「之前」，如果沒有空間讓任何事物移動，那麼就沒有空間讓任何事物改變。沒有變化，就沒有事件，也沒有歷史。沒有什麼能以有意義的方式被時間衡量。

因此，在大爆炸「之前」沒有空間、沒有變化，也沒有任何移動或改變的「東西」。什麼都沒有。如果大爆炸之前存在著任何事物，那麼它對人類而言會顯得全然陌生，也不符合我們現在所知的宇宙本身的基本定律。它不會按照過去、現在和未來的因果關係順序行事。

因此，我們的歷史始於宇宙大爆炸。

我們如何從無到有？

我們有一種根深蒂固的人類邏輯：如果你創造了某樣東西，它的構成要素必定來自別的地方。這便是熱力學第一定律的要義：物質和能量既不會被創造，也不會被毀滅，它們只是改變形式。然而宇宙似乎是憑空出現的。

但在大爆炸發生的那一刻，宇宙無比熾熱（142×10^{30} K），它的物理定律尚不存在，包括第一定律和某物必定源自某處的一般概念。

此外，10^{-43}秒的宇宙大爆炸規模非常小，處於量子尺度。在量子領域，事物有不同的運作方式。被稱作「虛粒子」（virtual particles）的微小能量漣漪不停地在量子尺度上出現和消失。它們目前正在構成你皮膚的原子之間進行這樣的活動。彷彿從無到有，突然出現又突然消失。這是我們的宇宙**之中**既定的物理學，因此「無中生有」對於宇宙的起源來說並不是一個難以想像的命題。也許我們的宇宙出現的方式是和虛粒子類似的。

還有一種看法認為，在時間存在之前，並沒有人類在演化中所預期的傳統因果律。沒有任何物理定律強制宇宙必須從其他事物中生成。

更進一步地說，除了我們自己發明的意義之外，人類並不真正知道「無」（nothing）是什麼。做為一種簡化的表達，「無」的意思是缺乏某個特定事物。「什麼都沒有」這個概念適用於例如以下的情境：我的酒杯中「空空如也」；我的錢包裡「空空如也」，沒辦法再買一瓶啤酒。然而，在真正的物理學中，宇宙中的任何地方都不可能存在「絕對的空無」——

即便是在太空的最深處。宇宙中到處都有諸如恆星、行星和氣體之類的「東西」，或至少有微弱的輻射聲響。你的錢包裡或許沒有錢，但裡面有空氣、一張簽帳金融卡、幾張舊票根、灰塵，甚至可能還有一隻死蒼蠅。現今科學家甚至無法創造出真正空無一物的人造空間。就物理意義而言，要創造所謂的「零能量真空」或甚至沒有輻射的空無，是不可能的事。那麼「空無」究竟存在於何處？我們似乎憑空發明了「空無」。

「空無」在我們的宇宙中實際上不可能存在，所以我們做出了一個巨大的假設和邏輯跳躍，認為「空無」（人類所發明且無法複製的概念）在宇宙大爆炸「之前」就存在。事實上，這句話的語法是完全錯誤的。我們沒有理由預期「空無」這個概念真正存在於宇宙之外的某處，也沒有理由期待它先於大爆炸而存在，因為那時甚至連時間都還不存在。藉由說出「無中生有」，我們做出了一些從科學或邏輯上來說不合格的重大假設。

我們得忘掉一些最基本的概念，才能理解不具現有規則的原始宇宙的運作。靈長類動物的大腦在面對我們為了生存和演化並不需要理解的概念時，會感到力有未逮。我們的大腦線路並不是這樣設計的。這就好像在試著用烤麵包機發簡訊給朋友。

宇宙最初時刻的意義

如果你發現自己對大爆炸之謎感到存在主義式的不安和不滿，請考慮以下幾點：

1. 我們直到六十年前才證實了宇宙大爆炸的發生。想像一下，再歷經一百年或甚至一千年的科學探索，我們將會發現多少關於宇宙起源的答案。
2. 如果這道謎題的答案對我們的靈長類大腦而言是陌生的，對於這個宇宙的基本物理學來說也是陌生的，那麼它（在我們發現的當時）聽起來就像是胡言亂語。它可能無法如我們所以為的，能夠滿足我們情感和哲學上的空缺，並讓我們尋得意義。
3. 我們把目光放在故事的開端，可能是在錯誤的地方尋求滿足。也許，若我們想要為生命增添意義，就必須著眼於當下、或甚至是我們希望故事將如何結束。我們在自己的人生中，至少對自己的命運有一定程度的掌控權。如果人類繼續存在，科學與技術繼續發展，整體的複雜性繼續提升，誰知道一千年、一百萬年或十億年後，我們將對這個故事產生多麼深遠而超乎人類的影響？

哲學上的滿足和存在的意義，往往不是源自對我們童年的創傷、或我們進入這個世界之前發生的事的執迷，而是來自充分利用我們所擁有的時間。如果宇宙的最初時刻能夠證明什麼的話，那就是看似微小的變化，也可能對宇宙的結構產生重大的影響。

第2章

恆星、星系和複雜性

第一批氫原子和氦原子被吸入雲中／這些雲團變得如此緻密，使得原子融合在一起／融合產生巨大的核爆炸，從而誕生了第一批恆星／恆星將氫和氦融合成碳、氮、氧以及其他元素，直至第二十六種元素鐵的出現／恆星在超新星中爆炸，產生了更重的元素，例如金、銀和鈾／九十二種自然生成的元素全都是由天空中這些可怕的氫彈所產生的。

如我們所見，大爆炸發生10^{-43}秒後，宇宙從一個量子粒子的大小，迅速膨脹到葡萄柚的大小。從另一個角度來說，如果持續同樣的膨脹速度，這個葡萄柚將在幾分之一秒內增長到目前宇宙的大小，而不是花費了一百三十八億年的時間。在那片刻間，出現了輕微的能量不平均。整個宇宙葡萄柚上散布著能量稍多一些的能量點，和宇宙其他地方所發現、近乎均勻的能量分布不同。正是這些具備了稍多能量的小點，誕生出恆星、星系、行星以及構成我們歷史的所有複雜事物。如果沒有這些不均勻，宇宙的複雜性就會「消亡」，而這段短暫的歷史也會大幅縮短。

當這些點內的能量凝結成亞原子粒子時，首批物質出現了，宇宙繼續膨脹和冷卻。充滿氫氣和氦氣雲的宇宙持續冷卻並膨脹，直到溫度略高於絕對零度，並維持至今。

此後，絕大部分的太空依舊單調且寒冷，除了氫和氦之外，沒有熱量可以形成進一步的複雜性。大部分空間中僅充滿微弱的輻射，僅在物質和能量不平均的微小區域內，東西才開始升溫。

恆星的浴火起源

數百萬年來，巨大的氫氣雲和氦氣雲漂浮於不斷膨脹的宇宙裡。昏暗之中沒有太多其他的東西，全宇宙看起來同質性相當高。無趣、死氣沉沉，沒有太多變化或歷史進程。

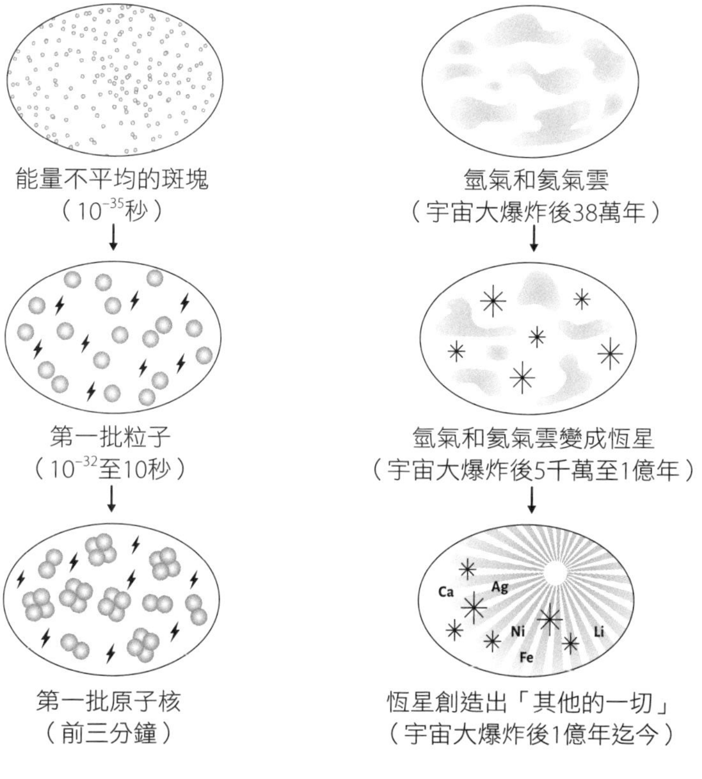

宇宙大爆炸後的五千萬至一億年間（或者非常粗略地說，這相當於你和霸王龍之間的時間差距），重力將氫氣和氦氣一併吸入，形成愈來愈緻密的雲團。最終，這些雲團核心的壓力變得極其強大，而使氫原子碰撞在一起，促成原子核融合。換句話說，壓力克服了通常會使原子分開的核排斥力。核融合（與導致氫彈爆炸的過程相同）釋放出巨大的能量，這些雲團突然變成巨大的火球，產生高溫並將能量拋射到宇宙中。第一批恆星於焉誕生。只要恆星還有更多的氣體可供消耗，融合反應就會持續下去。

恆星核心的融合溫度至少達到一千萬K（約為炎夏氣溫的兩萬五千倍）。在大爆炸發生三分鐘後，一些新的元素首次出現。

宇宙裡誕生了無數顆恆星。大爆炸後五千萬至一億年出現的第一代恆星，由於附近新鮮氣體的供應而變得巨大，質量約為太陽的一百至一千倍。因為尺寸的關係，它們的壽期不超過數百萬年。但當它們爆炸時，

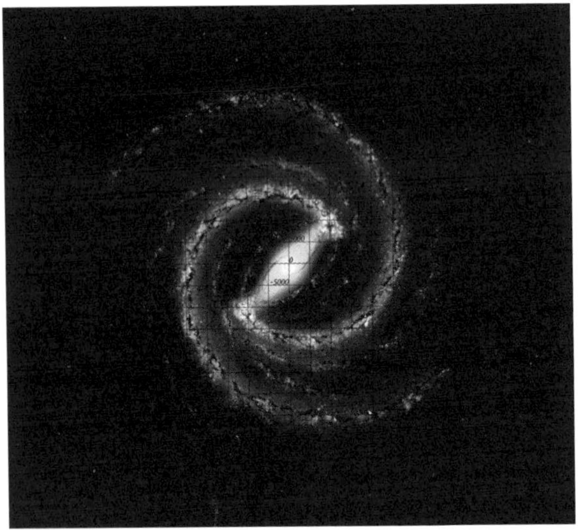

銀河系

它們的物質被吸收回去，形成第二代恆星，雖然體積較小但壽期更長——可長達數十億年。

重力開始吸引恆星聚集，它們形成直徑三十至三百光年的星團。這些星團合併成了更大的星團。自一百三十七億至一百億年前，這種合併過程在我們的太空中持續進行，形成了直徑約十萬光年的銀河系，其中包含大約兩千億顆恆星。同樣的星系合併過程也發生在整個宇宙，形成了可觀測宇宙中約四千億個星系。

星系的形成

自一百三十億至一百億年前，不同類型的星系誕生了。螺旋星系（例如我們的銀河系）估計約占了可觀測宇宙中四千億個星系的百分之六，是大多數恆星系的形成方式。然而其球狀核心中含有密集的恆星，不利於生命的形成，超新星太過頻繁地爆炸橫掃這個區域。只有在我們太陽系漂移的螺旋星系的旋臂中，恆星系彼此之間才有足夠的距離來形成生命。

透鏡狀星系（例如草帽星系）具有相同的凸起，但沒有旋臂。它們約占宇宙星系的百分之十五，所形成的恆星非常少。

橢圓星系（例如武仙座Ａ）的中心沒有凸起，恆星的分布更均勻。它們是「垂死」的星系，當中幾乎沒有新的恆星形成。它們占了宇宙所有星系的百分之五。

不規則星系是畸形星系的大雜燴，難以進行分類。它們占了所有星系的百分之二十。不規則星系大多相當小，而且在形成過程中經常因為另一個星系的引力而變形。有些原因目前還無可解釋。

至於可觀測宇宙中的星系數量，四千億個是既定的估算。然而，近來的研究顯示，其數量可能介於一兆至十兆之間。這個相當高的數字提升了複雜生命可能會在其他地方演化的機率。每個星系都可能包含數百萬、數十億甚至數兆顆恆星，相當於擲出好幾回的演化骰子。

恆星的壽期

恆星的大小影響了燃燒燃料的速度，也決定了它的壽命長短。體積超過太陽八倍的恆星會變成超新星。小於太陽的恆星將會死亡，不會爆炸和產生更重的元素。最大的恆星只燃燒數百萬年，稍小的恆星可能燃燒數億年，更小的恆星可能燃燒數十億年，而最小、燃燒最慢的恆星可能會燃燒一千億年到幾萬億年。

宇宙大爆炸後形成的第一代恆星相當巨大，並在數十億年前爆炸。由爆炸殘餘物形成的第二代恆星含有第一代恆星腹中所產生的更重的元素。大多數的第二代恆星也已經在過去的一百三十億年中死亡，但其中有許多仍可在宇宙和銀河系內被探測到。

第三代恆星僅有數十億年的歷史。它們具備前兩代恆星所創造的許多種重元素。第三代恆星也可能擁有更多的行星在其軌道上運行，因為豐富的元素會在它們周圍形成塵埃環，最終變成行星。所以第三代恆星（例如我們的太陽）最有可能進一步變複雜。

宇宙的生態

我們的太陽是一顆黃矮星，此類恆星的壽期為四十億至一百五十億年，占宇宙中恆星的百分之十。體型稍小的恆星稱為橙矮星，壽期為一百五十億至三百億年，占另外的百分之十。紅矮星是宇宙中最小的恆星（質量約為太陽的百分之五至五十），占宇宙中所有恆星數量的百分之七十。紅矮星可以存活數千億年，甚至數萬億年，這取決於它們的體積和燃燒速度。紅矮星死亡時不會爆炸成超新星，而是緩慢地燃燒和閃爍。

當像太陽之類的恆星燃燒掉所有的氫和氦燃料後，便會開始燃燒其核心中愈來愈重的元素。這個過程的結果是，黃矮星會像溼地裡的死牛一樣膨脹，變成紅巨星。再經過大約十億年，它們就會萎縮並變成白矮星——就像恆星的頭骨和骨骸，它們的核心已經停止了原子融合。這些矮星還會持續存在好幾百萬年，直到最終完全熄滅。紅巨星和白矮星約占宇宙中恆星數量的百分之五。

剩餘的百分之五的恆星顯然比較稀有，但對複雜性而言卻更加關鍵。它們是超巨星——在超新星中爆炸的恆星。超巨星的燃燒時間僅有幾百萬年到幾億年（取決於其大小）。這些超巨星能夠將元素週期表中直到第二十六種元素鐵的所有原子融合在一起。此後，沒有任何恆星的核心能燃燒到足夠高溫、融合更多的東西。一旦超巨星耗盡燃料，其巨大的結構就會坍塌，引發巨大的爆炸——超新星。超新星本身燃燒的溫度非常高，過程中甚至會形成更重的元素，例如金、銀和鈾。超新星產生出宇宙中的九十二種自然元素。有些元素（例如金）之所以如此稀有，是因為只有不到百分之五的恆星發生超新星爆炸。

當恆星在超新星中爆炸，會留下中子星做為它們死亡的殘骸。中子星的密度和質量極大，燃燒時不太明亮。如果兩顆中子星互撞，會產生更多的重元素，它們的體積也很小，直徑只有幾十公里。如此小的空間內包含如此大的質量，使它們非常容易演變成黑洞。

黑洞在本質上是一堆質量極大的物質，重力會將之吸入自身之中。它們的重力開始吸進周圍的物質，扭曲了周圍的空間。儘管黑洞可能只是一堆亂七八糟的物質，但有些假說認為黑洞會彎折周圍的空間和時間，以至於它們可能具備奇怪的特性。例如，它們可能會打破物理定律，使時間的流逝變得不連貫，甚至可能連結到其他的維度或其他宇宙。

含有化學元素的恆星

目前元素週期表中包含一百一十八種元素。儘管宇宙中發現了九十二種天然元素，但自然界中形成的任何較高階的元素，幾乎都會立即降級成較低階元素。人類實驗室已經創造出更高階的元素，最近的一個是二〇〇二年由俄美兩國團隊所創造出來的第一百一十八號元素氫（Oganesson）。

在恆星經歷其生命週期的同時，內部的複雜性會不斷提升。接著，它們會死亡，並再次將這些元素拋到宇宙中，成為更進一步複雜化的基石。化學物質的組合幾乎是無數的。迄今為止，估計約有六千萬至一億種化學物質存在。

化學物質是由種種元素所組成的更高階結構：分子。如此可建構出諸如H_2O（兩個氫原子和一個氧原子）的結構來創造水，或者SiO_2（一個矽原子和兩個氧原子）的結構來創造石英（地球上最常見的礦物），或者C_2H_4（兩個碳原子和四個氫原子）之類的人造結構，而製造出聚乙烯（世界上最常見的塑膠）。

還有更複雜的化學物質，例如有機蛋白質，它們是由數千個原子糾纏組成的巨大結構，例如稱作「肌聯蛋白」（Titin）的蛋白質，其化學式為$C_{169723}H_{270464}N_{45688}O_{52243}S_{912}$，使你的肌肉具有彈性。這種化學物質的正式學名大約有十九萬個字母，需要三到四個小時才能全部念完。一旦元素開始形成分子，複雜性的範圍就變得非常龐大！DNA鹼基（腺嘌呤、鳥嘌呤、胞嘧啶和胸腺嘧啶）的化學式也是如此，它們編碼出遺傳特性並讓有機物質得以自我複製、演化和存活。

宇宙中九十二種天然存在的元素一旦出現，並開始結合成不同的化學物質，宇宙就具備了創造今日所見的複雜性所需的全部成分。

然而何謂複雜性？

貫穿歷史的共同模式

一百三十八億年以來，貫穿歷史的共同模式正日益複雜化。這是創造了我們的進程，繼而也是我們藉以從事創造的進程。宇宙大爆炸後，首批物質粒子出現並慢慢演變成恆星。這些恆星將產生構成地球的所有化學物質（包括生命在內）。也是這樣的複雜性提升，定義了人類歷史——從覓食到古代農業，再到現代化。在紛亂如麻的歷史中，我們極難找到能從頭到尾貫穿所有事件的線索，至今唯一能被指認出來的趨勢，就是複雜性的不斷升高。

複雜的事物是由物質構成的，像織錦一樣錯綜複雜地交織在一起。它們透過「供應」給它們的能量流來維持其形式。舉例來說，恆星需要更多的氣體來燃燒、人類需要食物、手機需要電池，這全都是同一原理——我們需要能量流來避免死亡。這是整個宇宙一切複雜性的通則。

物質和能量誕生於一百三十八億年前宇宙大爆炸的白熱斑點。我們周遭所見一切事物的全部成分，在一開始即已存在。整個宇宙的歷史，歸結起來就是它們不斷轉化為嶄新、輝煌形態的歷史。

大爆炸之後，宇宙中沒有新加入的物質和能量。這是熱力學第一定律所充分發揮的作用：沒有新的東西被創造出來，也沒有舊的東西被徹底消滅。這意味著構成我們身體的原子，在宇宙誕生之初便以某種形式存在，並於一百三十八億年間在整個宇宙中持續存在和演變。你勉強算是有一百三十八億歲。

在你死後，這些原子會朝不同方向裂解，在宇宙中繼續演化。從某個角度來說，我們**就是**宇宙，是一個整體，而且我們有幸——短暫地——成為當中具有自我意識的一部分，彷彿宇宙在看著鏡中的自己。

複雜性的機制

複雜性是一種由能量流創造和維持的有序結構。氫原子是由一個質子和一個電子組成的結構。水分子是由兩個氫原子和一個氧原子組成的結構。人類大腦是複雜性的一種形態，就像我們用大腦發明出來的烤麵包機一樣。人類社會網絡由八十億個人組成，涉及貿易和訊息交換，是最複雜的系統之一。

複雜形態的組成單元愈具多樣性、構造愈精密，複雜性就愈高。恆星內部含有大量氫原子，但並不特別複雜；它們只是一大團混亂的東西。相較之下，狗擁有更複雜的化學物質、DNA、肝細胞、腦細胞、血管以及高度複雜的呼吸系統、循環系統和神經系統。將幾千個氫原子從太陽的核心移到表面，

複雜系統	**能量流（爾格／克／秒）**
太陽	2
超新星附近的超巨星	120
藻類（光合作用）	900
冷血爬蟲類	3,000
魚類和兩棲類	4,000
多細胞植物（例如樹木）	5,000–10,000
溫血哺乳動物（平均）	20,000
南方古猿（早期靈長類）	22,000
人類覓食者（非洲）	40,000
農業社會（平均消費）	100,000
十九世紀紡織機	100,000
十九世紀社會（平均）	500,000
福特T型車（約1910年）	1,000,000
吸塵器（現在）	1,800,000
現代社會（平均消費）	2,000,000
一般飛機	10,000,000
噴射引擎（F-117夜鷹攻擊機）	50,000,000

太陽還是會繼續運轉，就像什麼事都沒發生過一樣。然而用狗的肝細胞取代牠的腦細胞，狗就不會再追逐鳥了。

想要創造任何形態的複雜性，都需要運用某些能量。如同在工廠裡焊接汽車引擎，為了維持這種複雜性，你需要更多的能量流，就像為了避免餓死而進食一樣。而且想要增加某種事物的複雜性，會需要更多的能量流。如果能量流停止了，結構就會崩潰，事物就會逐漸消失。汽車熄火停止行駛，植物枯萎死亡，文明瓦解成一片廢墟。這也正是為何複雜性可以透過流經它的能量密度來衡量。

複雜性形態的結構愈複雜，所需的自由能（free energy）的密度就愈高。宇宙中最簡單、最古老的複雜結構，例如恆星，每公克並不需要那麼多能量，然而數十億年的生物演化或文化的產物則需要更高密度的能量流。

複雜性的誕生

大爆炸後的一瞬間，時空中出現了輕微的波動（量子波動），形成了宇宙中分布不均勻的能量團。你可以看到這些團塊，它們在大爆炸三十八萬年後被記錄在宇宙背景輻射的「快照」中。由於這些團塊的存在，能量凝結成了物質的最初粒子。若非這種能量的不均勻分布，複雜性便不存在。

為了使複雜性存在，你需要能量流來加以創造和維持。為了讓能量流動，你需要使能量從能量**較多**的地方流向能量**較少**的地方。

如果在宇宙開始時，全部的能量都均勻分布，那麼能量就沒有移動的必要。一切都不會改變，什麼事也不會發生。不會存在任何複雜性，只有一個自始至終輻射稀薄分布的空白宇宙。簡而言之，就不會有歷史。

但事實不然，第一批分布不均勻的物質和能量團形成了首批恆星。這些恆星創造出元素週期表中所有其他自然產生的元素。這些元素聚集起來形成了分子和行星。在其中的一個行星——地球，更多的分子聚集形成生命。有些生命演化出了意識和發明能力，並且能夠不停修補和改進這些發明。

一直以來，從恆星到生命到技術，我們都需要更多的能量流來創造、維持和提升複雜性。因此，在過去的一百三十八億年，宇宙中的微小區域變得愈來愈複雜。這是

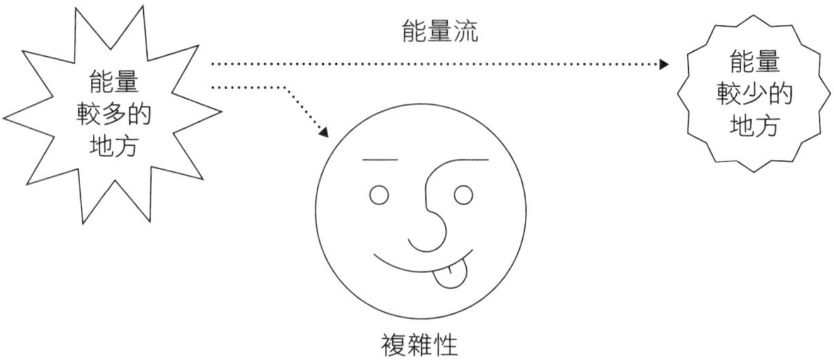

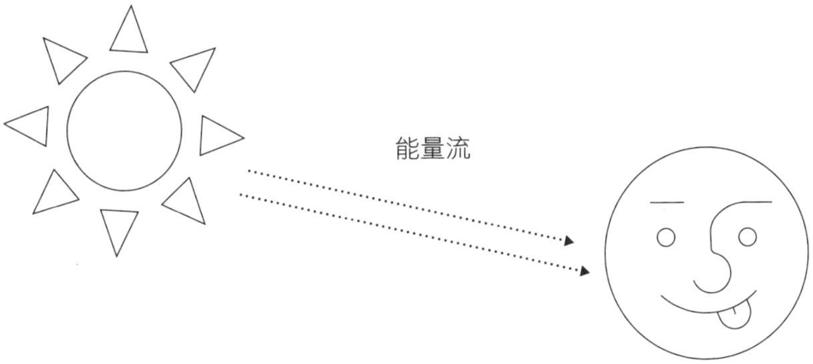

所有歷史的共同主題。大爆炸在整個宇宙中產生了不均勻的能量，接下來的一百三十八億年裡，能量不斷重新趨於平衡，結果出現了能量流，以及由此產生的一切奇妙事物。

複雜性的消亡

然而，歷史複雜性的提升卻別具些許諷刺意味。能量之所以從恆星流向滋養動物的植物，進而為人類網絡中的大腦提供能量，是因為熱力學第二定律。該定律驅使能量趨於平衡——而能量只有從能量**較多**的地方流向能量**較少**的地方才能達到平衡。短期而言，這種能量流可能造成複雜性。但由於能量流終究會自行變得均勻，所以不再有剩餘的能量流，因此消滅了複雜性。

這是創造生命和最終以生命的消亡做為交換的原則。唯有死亡才能償付生命。此事聽起來有如哲思，但也是普遍的現實。

宇宙中唯有在能量分配不均勻的微小區域，複雜性才會不斷提升。在宇宙的其餘部分，大約99.99999999999%的空間已是一片死寂，無法產生更多複雜性。這就是為何宇宙誕生第一瞬間的能量聚集，對我們的生存如此重要。

事物愈複雜，所需要的能量流就愈多，消耗能量流的速率也愈快。例如，一隻狗每天所需的能量流比一小群細菌所需的能量流還要多。汽車需要大量的能源，因此它需要利用有機物質在地底下被壓碎並轉化而成的石油和汽油，它們儲存了數百萬年的能量。狗狗會排便，汽車排氣管會噴出廢氣，有些廢棄物永遠無法再被利用。

歷經數萬億年後，宇宙的能量終將消耗殆盡。因此，複雜性實際上只是歷史長河中的副產品，宇宙一直試圖恢復到能量均勻分布。最終的結果是，宇宙只不過是一個微弱的輻射球。一個安靜的宇宙，沒有歷史、沒有變化、沒有複雜性。這種狀態稱為「熱寂」(heat death)。

複雜性的崩解是貫穿我們故事的一種威脅，接近故事結尾

複雜性

時，我們將再度面臨熱寂的威脅。現在，你只需記住，我們存在的根源也是我們可能不存在的根源。熱力學第二定律既是世界的創造者，也是毀滅者。

唯一能夠違反第二定律的方法，是透過某個歷經數百萬年的科學進展、複雜到足以操縱宇宙本身基本定律的超級文明。

第3章

地球的起源

太陽形成並貪婪地吸收太陽系中百分之九十九的物質／剩餘的百分之一形成了一個圍繞太陽的塵埃環，寬度超過一光年／塵埃在每個軌道上聚集成行星、矮行星、小行星和彗星／在其中一個軌道上，地球在一連串碰撞中形成／地球冷卻，分化和撞擊創造出最初的海洋／在這些海洋中，長鏈有機化學物質開始形成。

我們的星系銀河系，大約起源於一百三十五億年前的第一批巨恆星群。起初，它開始旋轉並呈現扁平的圓盤狀，中間有一個凸起。當附近的星系被拉進它的引力範圍時，銀河系便與之合併並增大。到了一百億年前，最後一次星系合併發生了。如今，我們的星系橫跨十萬光年，包含兩千億至四千億顆恆星。

銀河系形成後僅數百萬年，第一代恆星就已經完全滅亡。在巨大的超新星中所產生的氫、氦和重元素，再度被重力吸引聚集在一起，形成了全新的恆星。第二代恆星持續閃爍了好幾十億年。

之後，在四十五億六千七百萬年前，位於距離我們現在的太陽系一光年的銀河系旋臂上，有一顆恆星爆炸形成另一顆超新星。此次爆炸使該區域富含從氫到鈾的九十二種自然元素。超新星爆炸的能量觸發了附近的熱氣體雲，開啟形成第三代恆星的進程。我們的太陽第一次閃耀出火焰。由於太陽的巨大引力，太陽系中絕大多數物質都被吸進太陽中。剩餘百分之一的物質在太陽周圍形成一個由微小塵埃顆粒所組成的圓盤，過程中的殘留物朝各個方向延伸一光年距離。

早期太陽系的塵埃含有全部九十二種元素，在太空的真空中，這些元素開始迅速形成六十種不同的化學物質。太陽的第一次融合引爆，將大部分氫氣和氦氣噴發到外太陽系，這就是為什麼內行星（水星、金星、地球、火星）是岩石行星，而外行星（木星、土星、天王星、海王星）是氣態巨行星。

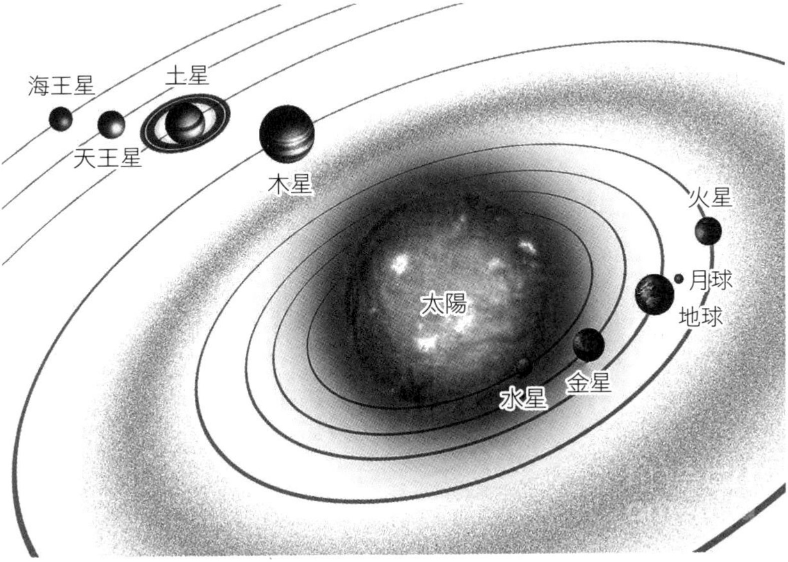

太陽系

太陽系的八大行星與其他

太陽周圍的塵埃形成了一個扁平的圓盤並開始繞著太陽旋轉，很像銀河系的旋臂環繞其球狀的中心旋轉。這就是地球繞行太陽的起源。當塵埃開始旋轉時，它們形成了「軌道」，每個軌道上的所有物體都開始因靜電而輕輕附著在一起。這時，在每條有行星的軌道上，塵埃都會迅速變成石頭大小，然後變成巨岩，然後變成山脈的大小。

在這一萬五千年內，太陽系裡充滿了數百萬個直徑超過十公里（六・二英里）的物體。接下來的碰撞顯然就沒那麼溫和了。這些物體的相互碰撞產生熱能，將兩個碰撞物黏在一起。大約一千萬年後，太陽系出現了約莫三十顆原行星，每顆行星的尺寸大致與月球或火星相當。小行星帶是個例外，附近的木星引力阻止了無數小行星的相互碰撞和吸積，使小行星帶成為一個「失敗的行星」。幾百萬年後，這些原行星也發生了駭人的碰撞，在各自軌道上形成了僅有的八顆行星：

1. 水星距離太陽三光分，體積為地球的百分之五。這裡面臨極端的溫度：夜間溫度負一七〇度C（負二七四度F），白天溫度四二七度C（八〇〇度F）。

2. 金星距離太陽六光分，大小與地球非常相似。若非有厚厚一層可怕的二氧化碳大氣層，原本可以孕育出生命，二氧化碳大氣層會吸收來自太陽的大量熱能，使表面溫度高到足以熔化鉛。

3. 地球距離太陽八光分。就距離而言，它位於離太陽較遠的宜居帶內。當然，我們知道地球上的條件適合孕育生命。我們很快就會回來談地球。

4. 火星距離太陽十二．五光分，大小為地球的百分之十，這意味著它無法擁有太多大氣層——厚度約為地球的百分之一，代表火星無法維持液態水。火星上大部分的水都被封在冰中，使得生命不太可能存在。

5. 在小行星帶之外，木星距離太陽四十三光分，百分之九十九由氫和氦組成。木星的直徑是地球的十一倍，質量約為地球的三百二十倍。木星有狂暴的天氣型態，能抹滅任何類似生命的事物。在厚厚的雲層下，其表面可能是由大量固態氫所構成；換言之，就是氫氣被壓縮後呈現固體的外觀。木星的衛星可能孕育過生命，例如理論上木衛二（the moon Europa）可能孕育過生命，但此事仍是一個謎。

6. 土星距離太陽七十八光分，體積是地球的九倍，質量是地球的九十五倍。和木星一樣，土星也不太適合生存。然而，土星成功擁有了六十二顆衛星和一圈由冰和岩石構成的環，這是它的招牌標誌（木星也有環，但規模小得多）。最有可能存在生命的候選星球是土衛六（Titan），但那裡的生命演化方式會迥異於地球。由於溫度非常低，所以水總是凍結成固態，而甲烷氣體則以液體的形式存在。因此，如果是在甲烷海洋中演化的生命，呼吸方式必定與在地球海洋中演化的截然不同。

7. 天王星距離太陽二．五光時，體積四倍於地球，是太陽系中最寒冷的行星。它的風速駭人，而且大氣層和高壓等各方面的情況，都與其他氣態巨行星相似，因此非常不可能出現複雜性更高的物質。

8. 海王星距離太陽四光時，是太陽系中最邊遠的行星，和太陽相距十分遠，需要一百六十五個地球年才能環繞太陽一圈。海王星與天王星非常相似，極其寒冷，具備氫和氦的大氣層，核心主要由冰和岩石構成。

9. 冥王星自一九三〇年被發現以來一直被視為一顆行星，是當時我們用望遠鏡所能觀測到最遠的類行星，距離太陽大約五．五光時。但是冥王星並沒有像八大行星那樣清除掉它們軌道上的其他物體。幾十年後，人們又發現了別的矮行星，其中一些比冥王星還大，例如矮行星鬩神星（Eris）。因此，令人遺憾的，冥王星在二〇〇五年被去除了行星地位。儘管它與卡通狗布魯托（Pluto）同名，但無助於扭轉它的現實地位。

10. 柯伊伯帶（Kuiper Belt）始於距離太陽五光時之處，呈現行星碎片環狀，延伸至距離太陽七光時遠。它涵蓋了冥王星、鬩神星、冥衛一（Charon）、冥衛三（Albion）、妊神星（Haumea）和鳥神星（Makemake）等矮行星。柯伊伯帶還包含許多小行星，以及由水、氨和甲烷所構成的簡單冰凍球體。柯伊伯帶的總質量不太可能超過地球質量的百分之十。因此，那裡沒有足夠的物質來形成一顆大型行星。

奧爾特雲（Oort Cloud）始於距離太陽約莫二十七光時之處，這意味著光需要一天以上的時間才能到達那裡，但它依然受到太陽重力的控制。奧爾特雲由冰冷的微行星和彗星所構成，延伸出整整一光年，甚至可能延伸到距離太陽三光年遠的地方，靠近距離我們四．

二光年的鄰近恆星比鄰星（Proxima Centauri）。這團冰球代表了我們太陽系的邊緣，以及我們與銀河系其餘區域之間的邊界。

在我們的太陽系之外，銀河系包含了兩千億至四千億顆恆星。許多這類的恆星系也包含行星。我們僅藉由觀察銀河系中約0.000000000000000009%的恆星，就在附近的其他太陽系中發現了數千顆系外行星（我們的太陽系以外的行星）。整體而言，我們的銀河系中必定有數以兆計的行星。據估計，銀河系中有三億顆行星可能像地球一樣能夠維持生命。這極可能表示生命已經在其他地方出現，而且我們在宇宙之中並不孤單，尤其當我們意識到，宇宙中還有四千億到幾萬億個星系時。

地球的誕生

隨著早期太陽系中的三十顆原行星不斷發生毀滅性的碰撞，所生成的行星也愈來愈大。約莫四十五億年前，在現今地球軌道上曾有兩顆行星。我想你知道這是怎麼一回事……

一顆大小與地球相當的行星和另一顆大小與火星相當的行星（我們稱之為特亞〔Theia〕）相撞。這顆地球大小的行星吸收了大部分的碎岩並且重塑樣貌。但碰撞殘骸中百分之一．二的物質漂移進入地球軌道。這些碎片拼湊在一起，就變成了月球。

此時的地球依然溫度極高，因為行星碰撞的火焰還在燃燒。地球也不斷受到小行星的撞擊，每次衝撞都像核子戰爭一樣深具毀滅性。隨著地球繼續在它的軌道上吸收周圍的物質，所有這些「東西」的重量所產生的壓力在地核裡造成熱能。簡單來說，四十五億年前的地球處於軟乎乎的熔解狀態，有如一團膠質布丁球，在數千度高溫下燃燒和冒泡。

這啟動了分化的進程。地球是一個由柔軟的半液態岩石所構成的熔融球，容許物質相當自由地通過其間。許多最重的元素，例如鐵和金，都穿過這灼熱的湯汁，沉入地球的核心。鐵在地核形成了一個厚度三千四百公里（兩千一百英里）的球體，賦予地球磁場。

地球與特亞相撞

只有極少量這類較重的元素仍滯留在冷卻中的地殼中，這也是為何黃金這類的東西如此稀少而難以被人類找到。然而，如果我們能設法鑽入地函和地核熔融的凹穴，便會找到足夠的黃金來覆蓋整個地球表面，將被大海相隔的各大洲都鍍上黃金。

較輕的元素浮到表面。這熱湯的頂部冒出一層矽殼（地球最主要的化學成分），還有鋁、鈉和鎂。所有元素中如碳、氧和氫等最輕的元素，以氣體形式噴發，形成了地球早期的大氣層。

然而，在後期重轟炸期（Late Heavy Bombardment），地殼的冷卻時常受到小行星撞擊的干擾。每當地殼一開始在熔岩湯的頂部凝結，便有更多的撞擊破壞掉這個薄層，並再度使地球升溫。直到大約四十億年前，這些轟炸才結束，地殼才得以完全固化。

即使在這個充滿熔岩的地獄中，我們的星球上仍產生了更高的複雜性。當特亞撞擊地球時，大約有兩百五十種化學組合變成可能。當分化過程完成時，已經有超過一千五百種不同的化學物質存在。

地球母親的尺寸

即便時至今日，按地球其他結構的標準來看，地殼依然薄且脆弱。當你想到山脈這種岩石構造物和礦井幽暗的石質大廳，對人類而言已是如此厚實，這個事實可能會令人感到驚訝。但稱地殼為「湯鍋頂部的一層皮膜」，其實十分恰當。地殼厚度僅三十五公里（二十一．七英里），位於海底某些地方的厚度則約為七公里（四．三英里），含有地球許多較輕的元素和少量較重的元素。

地殼之下是上地函，此處的壓力非常大，溫度升高到一千度C（一千八百三十二度F）以上，產生了可怕的熔岩，偶爾會從火山噴湧出地表。上地函深約六百五十公里（四百零三英里），位於熔融的火成岩海中。往下是下地函，深達兩千九百公里（一千八百零一英里），那裡溫度極高，岩石呈現完全液態的樣貌。

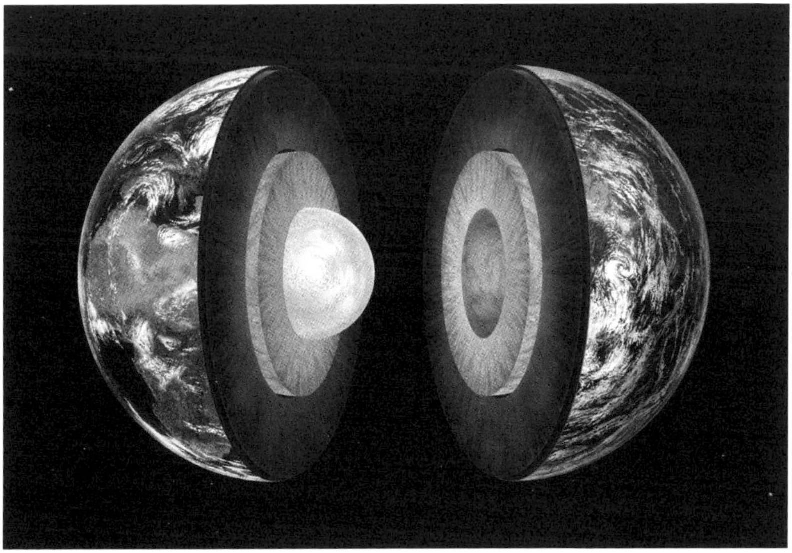
地球的地殼、地函和地核

再往下就是地核。外核主要由液態鐵和鎳所構成，它們流到地表以下五千兩百公里（三千兩百三十一英里）處，接著是內核，一路延伸至六千三百七十公里（三千九百七十八英里）深的核心，承受著巨大的壓力，以至於極高溫的熔融核仍表現得像固體一般。在地球的核心，溫度升高到六千七百度C（一萬兩千度F）。

地獄般的地球

四十五億至四十億年前的地球屬於冥古宙（Hadean eon），因當時地球的環境有如地獄而得名。地表溫度維持在一百度C（兩百一十二度F）以上，使液態水無法形成，某些地方的溫度高達一千五百度C（兩千七百三十二度F），地球被熔岩海所覆蓋。

形成陸地的地方，厚度薄如紙。在地球分化的過程中，較輕的氣體逸出，蒸氣從陸地的裂縫中噴湧出來。這項工作也是由火山完成，火山抬升出地表，噴發熔岩、煙霧和灰燼。隨著熔岩乾燥形成地殼並不斷堆積，某些火山的高度超過了珠穆朗瑪峰。

天空本身呈現駭人的紅色，這是因大氣的主要成分是二氧化碳（約占百分之八十）所造成的。地球需要很長的時間才能形成含有氧氣的大氣層，目前，氧氣含量仍處於微量水平。而且由於太陽還很年輕，尚未亮燦燦地燃燒，還很詭異地讓天空發紅且顯得相當黑暗。如果真的有一隻《魔戒》裡的「索倫之眼」（eyes of Sauron）懸在天空中，看起來也完全不奇怪。

大約四十五億一千萬年前，當特亞撞擊地球時，大部分的地殼被摧毀，連同大量的熔岩一起被拋向太空。我們絕不能低估火星大小的行星撞擊地球時所造成的災難；如果這種事發生在今天，將抹除一切生命跡象，甚至所有海水都將被蒸發。此次撞擊的嚴重程度，大約是六千六百萬年前導致恐龍滅絕的小行星撞擊事件的四百五十倍。

當月球緩慢地吸積成形並出現在天空時，它與地球的距離比現在近得多（月球每年遠離地球約四公分），它從頭頂上經過時會遮住大部分的天空。月球施加的潮汐力也會相應地增強。每隔十二至十五小時就會發生一次高達數千公尺、席捲全球的大規模海嘯。但組成海嘯的不是水，而是熔岩。

但情況日益嚴峻。接下來五億年，地球在大轟炸期（Great Bombardment）遭遇小行星撞擊，而在大約四十一億年前的後期重轟炸期，地球受到更嚴重的撞擊。數以百萬計的小行星撞擊地球，粉碎了原本就薄且脆弱的地殼。當地球橫掃過太陽系區域內剩餘的宇宙碎片時，不斷遭受災難性的碰撞。其中某些撞擊的威力堪比核子浩劫，根據小行星的大小，有的撞擊可能堪比滅絕恐龍的白堊紀小行星撞擊，有一些的毀滅力可能更大上百倍（如字面意思）。不同於六千六百萬年前發生的白堊紀滅絕事件，這些撞擊是不斷地發生。

不消說，在如此嚴酷的條件下，任何形式的生命都會滅絕。此時，太陽系中的任何地方都沒有適合生命這種複雜精密的事物存在的空間。地球上需要發生一些變化，才能讓極其微小與脆弱的生命，在這生存的地獄有一絲成形的機會。

第一片海洋

儘管歷經了毀滅性破壞，為期約五億年的地獄之苦似乎已經很夠了。所有分化都向大氣中排放了氫和氧，這個過程稱作「釋氣」（outgassing）。數百萬顆小行星的轟擊從外太空帶來了無數噸的冰，它們迅速融化並上升進入大氣層。久而久之，地殼冷卻成黑灰色的火成岩景觀，熔岩海不復存在。地表溫度降至一百度C（兩百一十二度F）以下並持續下降。突然間，大氣中積聚的所有水蒸氣都必然地落到了地面。

接下來發生的事類似《聖經》所描述的大洪水。但那連下四十晝夜的雨不算什麼，因為席捲全球的傾盆大雨無止境地持續了數百萬年之久。地殼的溝壑和低窪地區漸漸注滿水。大約四十億年前，地球被海洋覆蓋。只有最高的岩架，也就是我們的大陸，方能將頂部保持在水面之上。甚至這些陸地上也布滿了湖泊和河流。四十億年前，冥古宙結束，太古宙（Archean eon）接著開始。

關於太古宙世界，有幾個重點。首先，由於地球才剛形成，地殼之下的溫度仍然遠遠過高且釋放出大量的地熱能，這有助於最早的生命形成，也彌補了太陽能量（太陽熱能）仍很微弱的事實，因此對於早期生命來說，太陽能是一種不太有吸引力的能量來源。但即便地球表面出現了生命，在沒有臭氧層保護的地表，太陽輻射也會摧毀任何試圖形成的生命。因此，就目前而言，生命的最佳生存地點是在海洋深處，那裡既溫暖且隔絕了輻射。

太古宙的地球也曾有過一顆巨大的月球，它從頭頂上經過，在各處海岸引發超大規模的潮汐。至少那些波浪不再是熔岩。但隨著火山爆發和氣體持續釋放，陸地上仍遍布著大量火山。這些火山主要噴發出二氧化碳，

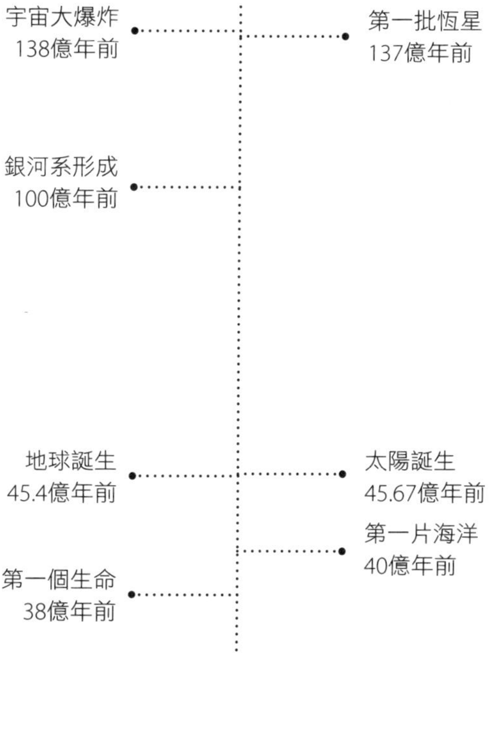

二氧化碳依然是大氣中的主要氣體。關於這片陸地，我們需要注意到另一個重要事實，它全都是岩石。我們想像中的平原和森林的一切綠色植物都還不存在。那時的地表看起來更像是月球表面，只是加上了水。

無生命階段到此結束。太古宙地球了無生氣，一片死寂，只聽見海浪拍打岩石海岸的聲音。它有可能永遠保持這種狀態。若非因為一個極不可能發生的事件，我們的歷史早就結束了。關於複雜性的下一個階段，我們需要去探究海底。在這裡我們將找到人類家族樹（族譜）的第一批微觀種子。

第2部

有生命階段

三十八億至三十一萬五千年前

第4章

生命與演化

地球變得稍微不那麼致命，給予生命一個奮起反抗的機會／分化和小行星撞擊產生出世界的第一片海洋／海洋中開始形成長鏈有機化學物質／有機化學物質開始自我複製和演化，觸發形成生命的存在／其中一些生命成為行光合作用者／這些行光合作用者擾亂了大氣層，殺死大量生命／真核生物和有性生殖在逆境中演化／最後的雪球地球事件創造了第一個多細胞生命。

三十八億年前，在太古宙地球（Archean Earth）平靜的悶燒海洋中，開始有了生命。我們依據早期微生物在太古宙岩石中留下的化學跡證，推導出這個日期。到了三十五億年前，我們實際上已能看見這些微生物化石的「足跡」。即便是這種簡單的原始生命，其複雜性也超過至當時為止我們所見過的一切。

四十億年前，地球表面的溫度降至沸點以下，持續數百萬年的降雨形成了第一片海洋。這些海洋對於生命至關重要，因為若是被埋在堅硬的岩石中，無法到處移動，或者被地表的輻射灼傷，或是在縷縷的氣體雲中，都無法形成生命。液態水是理想的環境，讓有機化學物質得以移動，並在湯狀的混合物中結合。原始生命是脆弱的，其形成本身就是一個奇蹟，而置身於海底萬無一失。

然而生命要從哪裡獲得能量流，從而創造出更高的複雜性？最有可能的答案是來自海底火山或「噴口」(vent)，它們將地熱能從地殼裂縫中泵出。微生物生命棲息在這些火山的邊緣，沐浴在熱能中。

所以我們有了湯，有爐子：現在只需要配料。太古宙海洋充滿了各種有機化學物質，它們透過分化浮到表面。難怪大多數有機化學物質，例如碳(所有陸地生命都以碳為基礎)，都屬於元素週期表中最輕的元素。碳也是最靈活的元素，是我們所發現的大約百分之九十的化學組合中的重要環節。

除了碳之外，對於自我複製的生命同樣重要的還有氫、氧、氮和磷。三十八億年前，在海底噴口的邊緣上方的元素聚合形成了複雜的有機化學物質：長串的構造單元胺基酸和核鹼基。

胺基酸是生命能量的重要來源。你可以在食物中發現胺基酸。它們由碳、氫、氧和氮原子組合而成，被裹在約九個原子構成的鏈中。胺基酸是蛋白質的組成部分。每種蛋白質都是由平均約二十種胺基酸組成的纏結鏈，但有些蛋白質的胺基酸含量要多得多。蛋白質用於執行活細胞的各種命令：燃燒能量來維持其複雜性、繁殖、生長出各種特性、對環境做出反應以及簡單地移動細胞周圍的東西。

另一方面，核鹼基是核酸(DNA和RNA的基本成分)的構成部分。它的關鍵化學物質是腺嘌呤（adenine，$C_{10}H_{12}O_5N_5P$）、鳥嘌呤（guanine，$C_{10}H_{12}O_6N_5P$）、胞嘧啶（cytosine，$C_6H_{12}O_6N_3P$）和胸腺嘧啶（thymine，$C_{10}H_{13}O_7N_2P$）。正如你所見，自從宇宙誕生第一個氫原子（H）以來，我們在複雜性方面已經取得了長足的進步。

去氧核糖核酸：最性感的酸

去氧核糖核酸（DNA）存在於所有活細胞中，它是資料庫，告訴蛋白質這些細胞應該具有什麼樣的特性以及應該如何表現。它是有機計算機的「軟體」，是包含了能讓電玩運作的程式指令的磁碟。DNA決定了生物的外觀和行為。從鋒利的牙齒到雀斑，從咆哮到大笑。

去氧核糖核酸由兩條鏈組成，每一條鏈都有數十億個原子，以雙螺旋形式相互纏繞。每一條鏈由許多核苷酸組成，而核苷酸又由先前提到的核鹼基組成，這些核鹼基很可能是在太古宙地球的海洋中形成的。腺嘌呤、鳥嘌呤、胞嘧啶和胸腺嘧啶是承載遺傳訊息的核鹼基。它們就像編碼在電腦遊戲碟裡的一和〇。

這帶我們來到了我們有機電腦的「硬體」：核糖核酸，或稱RNA。RNA僅由一條鏈而非兩條鏈所組成，其任務是接收來自DNA的指令，並將之傳遞到活細胞中製造蛋白質的小部位（這些蛋白質工廠稱作核醣體）。RNA藉由把DNA解壓縮並讀取指令（或一和〇）來達成此事。RNA接著向蛋白質發出行動指令。然後蛋白質開始建構生物體。RNA和蛋白質本質上是這部電腦本身的磁碟讀取器和硬體微晶片零件。

三十八億年前，這種高度結構化、有機的酸性淤泥開始進行一些高度複雜但看似隨機的化學反應。但這是如何演變的？

演化的源頭

我們如何從基本的有機化學物質發展到如DNA和RNA這般複雜的結構，仍是我們歷史中的一頁空白。然而一旦這些結構就位，它們的化學反應就會發生不只一次。

DNA會自我複製，亦即拷貝自己，以便繼續向活細胞的其他部分發出指令。當它這樣做時，就會分裂成雙。大多數時候，這個複製過程是完美的。但偶爾會出現複製錯誤，也就是突變，這會稍稍改變DNA的指令。每十億份拷貝中可能發生一次突變。當DNA突變時，就會創造出略為不同的生物。

如果DNA每次都完美地自我複製，沒有發生任何失誤，那麼生命將維持與三十八億年前在海底火山邊緣形成時完全相同的狀態，不會進行演化。突變創造了生物學的歷史性變化。

有些突變對生物體來說是致命的，有些突變對其生存沒有任何影響，而有些突變則是有用的。那些有用的突變能夠再次自我複製，並不斷循環下去。在特定環境下發揮最佳作用的突變則會繼續存在。若非如此，那些突變（以及擁有這些突變的生物）就會滅絕。

這其實就是演化：天擇是基於基因的演化效用，而非出於個體或整個物種的選擇。隨著環境改變，能發揮最佳成效的基因也會改變。

因此，這個有機淤泥的集合中，具備了生物體的所有關鍵特徵：它利用來自地熱噴口和周圍胺基酸的能量流（新陳代謝：亦即進食），透過自我複製進行繁衍（生殖），並基於有用的突變，逐漸改變其特徵（適應）。新陳代謝、生殖和適應等三個特徵，是我們定義生命到底是什麼，以及它與無生命的宇宙有何不同時最好的概念。

三十八億年前，在海底火山邊緣，自我複製和演化的進程開始了，有機淤泥轉變成各種新奇的形態，最終覆蓋了整個地球。如今的每一種細菌、每一株植物、每一隻動物和每一個人類，都是由那塊有著三十八億年歷史的黏土所塑造出來的。正如達爾文在《物種起源》的結尾寫道：「從如此簡單的起點，無數最美麗、最奇妙的生命形態已經開始，並持續在演化中。」

第一批行光合作用者

第一批出現在海底的生物吸收了海底火山的地熱能，且吞噬了周遭的化學物質。當然，這些生物相當簡單。它們是「原核生物」(prokaryotes)：沒有細胞核的微小單細胞生物。它們的DNA在細胞周圍自由漂浮，增加了細胞受損的風險。這些原核生物沒有性行為(多麼可怕！)，而是透過分裂來自我複製。每個細胞每隔幾分鐘就會發生分裂和複製，有些甚至能在幾秒鐘內自我複製。

太古宙海洋中充滿了這些微小的生物。當時海底的化學物質不足，更別提海底火山邊緣的「房地產」短缺了。有些原核生物向海洋表面遷移，是有其演化動機的。但為了實現此一目標，它們放棄了地熱能，轉而利用太陽能。

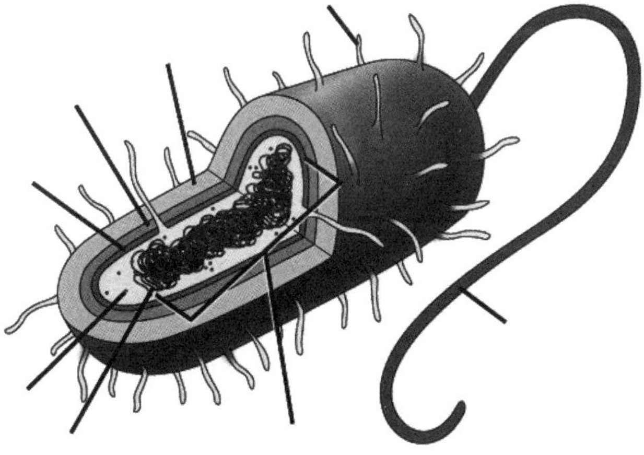

原核細胞(prokaryotic cell)

三十四億年前，靠近海洋表面的原核生物開始利用水、陽光和二氧化碳來維生，如同現今的植物一樣。這些原核生物是第一批行光合作用的生物。它們會消耗水中的氫和空氣中的碳，並利用太陽能為此過程提供動力。二氧化碳中剩餘的氧氣會被當作廢棄物丟掉。

所有這些細微的微生物變化共花了四億年時間，相當於一般人類的五百多萬個輩子。我們與第一條爬出海洋登陸的「魚」之間，也距離同樣長的時間……

有些進行光合作用的微生物開始形成大型群落：稱作疊層石（stromatolite），為五十至一百公分高的大型微生物堆。如今，我們可以在西澳大利亞的鯊魚灣（Shark Bay）發現這些群落的化石遺跡。它們約有三十億年的歷史。

氧氣大屠殺

即便在這個早期階段，生物也有破壞環境的傾向。如前述，第一批行光合作用者將氧氣當作廢棄物（消耗二氧化碳後剩下的O_2）排出。基本上這是行光合作用者不需要的有害「糞便」，因為O_2的反應性極強，會引起劇烈的化學反應。大量的O_2可以殺死原核生物。幸運的是，三十四億年前大氣中的O_2含量幾乎為零。

但這種情況緩慢地在改變。

大約三十億年前，海洋中大量行光合作用者排出的 O_2，已多到無法像從前一樣被地殼中的岩石重新吸收，因此剩餘的 O_2 進入了大氣層。到了二十五億年前，大氣中的氧氣含量已從幾乎是零增加到約百分之二・五。這足以讓未曾在氧氣環境中演化的生物受苦。

許許多多原核生物物種（全是我們的潛在先祖）都滅絕了。這是地球史上最致命的一次滅絕事件——儘管只影響到微小的單細胞生物。而且這是生物盲目強加在自己身上的滅絕。

應該注意的是，這是一種慢

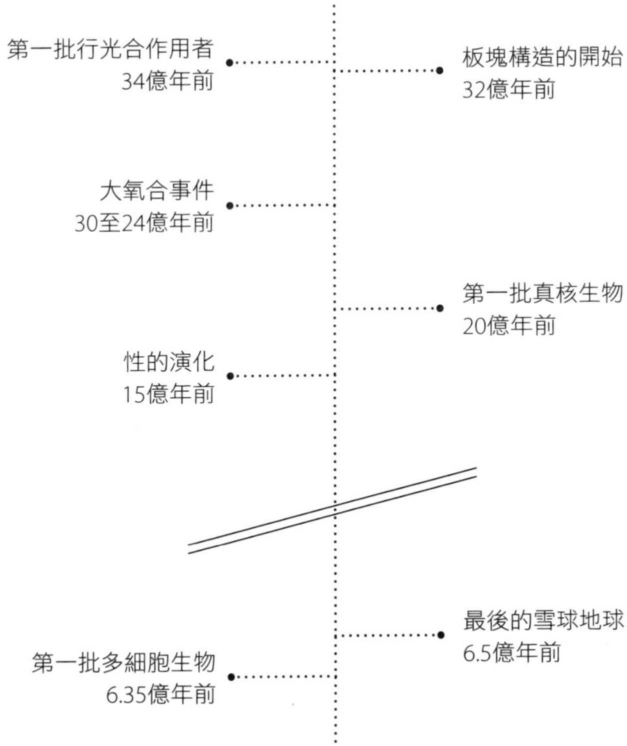

性死亡。這個過程持續的時間，與人類距離寒武紀生命大爆發之間的時間大致相同，約為五億五千萬年。這種較不複雜的生命形式，例如微小的微生物，需要較長的時間演化，也需要較長的時間才會對環境造成影響。然而生命的力量一旦被感知，卻是沛然巨大、不可逆轉的。

宇宙中的微小改變都會帶來巨大的變化——這個主題將持續綿延下去。

板塊構造

自三十八億至三十二億年前，地表以下的熔岩和岩漿運動對地殼產生了持續的壓力，相較於地函和地核，地殼薄如蛋殼。所有這些熾熱的運動所產生的巨大壓力形成了爆發點，讓巨大的火山從地表爆發出來。這些巨大的火山柱可能是造成地球的蛋殼「破裂」的原因。

三十二億年前，板塊構造開始規律、不間斷地流動。地殼已碎裂成板塊，這些板塊會受到下方地函中熔岩流和軟岩石的連續衝擊。這樣的移動稱作對流（convection flow）。對流推動著板塊移動，並藉由移動大陸、形成山脈與新的海洋，再加上頻繁的地震和火山爆發，而不斷改變地表樣貌。

想像爐子上有一鍋蛤蜊濃湯。從廚房吹來的涼風讓湯的表面結了一層皮。但下方的液體還在冒泡，如果冒泡過於劇烈，可能會「蹭破」這層皮，並將不同的塊狀物頂到鍋子的最上層。板塊構造（Plate tectonics）大概就是這麼回事。

臭氧層與第一次雪球地球

二十五億年前，大氣中氧氣的增加並沒有停止，而且還加速在進行。隨著氧氣逸出海洋，其含量持續上升。到了二十二億年前，氧氣開始進入高層大氣。太陽的熱能開始將O_2轉變為O_3，這個過程稱作光解（photolysis）。這是因為太陽的熱能使兩個氧原子分開，接下來這些單一氧原子與其他O_2分子結合形成臭氧O_3。臭氧層開始包覆地球，將先前灼燒地表的大部分陽光反射回太空。

由於幾乎沒有辦法可以抵銷這種影響，臭氧層於是變得愈來愈厚。隨著到達地表的太陽熱量減少，整個地球開始變冷。

地球南北兩極的海洋開始結冰，形成厚厚的冰層。但事情並沒有就此結束。冰蓋開始從南北兩極向赤道蔓延。隨著冰蓋每一次的前移，覆雪的白色冰層開始將更多陽光反射回太空，加劇並加速了氣溫下降和冰凍地球的過程。全球平均氣溫約為負五十度C（負五十八度F）。最終，厚達幾公尺的兩面巨大冰蓋在赤道處相遇並連成一片，將地球包裹在冰墓之中，這段時期被稱為「雪球地球」（Snowball Earth）。

真核生物的崛起

自二十五億至二十億年前，某些形式的微生物演化出利用氧氣當作能量的能力。這個過程稱作呼吸。呼吸細胞或「需氧細胞」並不像行光合作用者那樣將水和二氧化碳轉化為能量，並釋放氧氣做為廢棄物，而是吸收氧氣並釋放水和二氧化碳做為廢棄物。這些微小的單細胞生物開始大啖大氣中的氧氣。

二十億年前，雪球地球給所有活著的物種帶來壓力。新的吸氧者必須由相當堅固的材料構成才能存活下來。它們演化成為真核生物（eukaryotes），其單細胞結構遠比原核生物複雜得多。一旦細胞演化到可以消化氧氣，O_2實際上就能為細胞提供更多的能量，從而為這種「更強壯」的細胞的演化提供動力。

真核生物的尺寸約大上十至一千倍。它們仍然相當微小，不過最大的幾乎肉眼可見。不同於原核生物，它們的DNA受到細胞核的保護。細胞構造中有一個支撐用的細胞骨架（想像一下支撐帆布帳篷的帳篷桿）。真核生物面臨極艱難的情況，它們的結構和能量複雜性的些微提升，讓它們得以熬過雪球地球時期。

最終，火山衝破了覆蓋地球的冰蓋，開始將二氧化碳排放回大氣中，使地球變暖。隨著冰蓋消退，被困在地表和海底岩石中的二氧化碳也開始釋入大氣中。這個循環正在逆轉。目前雪球地球階段已經結束，需氧和厭氧物種都能夠繁榮發展。

性感的真核生物

雪球地球消退後，真核生物發現了上千個為它們開放的新生態位。有些真核生物繼續呼吸氧氣，使用一種名為粒線體（mitochondrion）的新胞器（單細胞生物體內的微型器官）。其他真核生物演化成能行光合作用的生物，並且不再擁有粒線體，而是擁有稱作葉綠體（chloroplast）的胞器。前者是動物的先祖，後者是植物的先祖。我們與族譜裡植物分支中的所有植物至少有百分之三十的ＤＮＡ是相同的，無論雛菊或香蕉。我們和其他動物共享大量的ＤＮＡ。

大約十五億年前，某場大災難和一段生態緊張時期（原因尚不清楚）導致真核生物的食物短缺。這或許是一次區域性危機，也可能是全球危機。然而由於缺乏食物，真核生物開始彼此吞噬，透過同類相食的方式存活下來。

在某些情況下，這種同類相食必定會導致ＤＮＡ的意外交換。簡而言之，這種食人魔漢尼拔・萊克特（Hannibal Lecter）[2]式的行為，是世界上的第一次性愛展示。直到大約十五億年前，所有真核生物都像原核生物那樣簡單地自我複製。但此時**有些**真核生物有性行為。有性生殖的演化優勢是巨大的。交換ＤＮＡ增加了更多的遺傳多樣性。ＤＮＡ突變的頻率加倍，兩個親代細胞之間的基因混合也能產生有利的結果。如此一來，演化可以更快速地進行。

第一批「性感真核生物」仍然正常地進行細胞分裂。但它們無法複製所有的ＤＮＡ，而只能複製一半。它們的任務是找到一個「配偶」與之結合，來完成創造新生物所需的染色體數量。那些找不到「配偶」的單細胞生物就此滅絕。

這個過程如此有利於演化，因而催生出一系列全新的策略和行為，最終成為本能。一旦生物變成多細胞生物，它們就會開始以會影響整個物種行為的演化的方式競爭配偶。交配和繁殖的驅力在生物體內根深蒂固，成為生存的主要動機之一：要存活得夠久來吸引配偶並繁殖後代。性的力量在演化過程中是如此強大和普遍，性塑造了複雜物種的絕大多數特質和本能（結果使生物體變得相當弗洛伊德），就人類而言，這滲透到我們的行為模式、我們如何將目標合理化，以及如何決定優先順序，甚至影響了我們如何塑造我們的文化和社會。

最後一次雪球地球（但願如此）

過去十億年裡，行光合作用者排放過多氧氣到大氣中的情況一直在重演。當火山活動不夠頻繁，無法向大氣中排放二氧化碳來抵銷氧氣時，情況就會變得特別嚴重。因此，過去十億年經歷了另外兩個階段的雪球地球。這不僅是一個冰河時期，而是整個地球都被一層冰包裹住。其中一次發生在大約七億年前，另一次在六億五千萬年前，結束於六億三千五百萬年前。

最後一次的雪球地球又為地球帶來了一段緊張時期。那些已經演化成有性生殖的真核生物，能夠更快地適應更惡劣的條件。其中一些「性感真核生物」開始在群落中生活，不同的微生物以共生的形式發揮不同功能，使群落中的所有微生物都得以在寒冷的條件下生存。

最後的雪球地球讓共生關係超高速發展。真核生物不再只是在群落中共生。群落中的每一組微生物都已在自己的職責上變得高度專門化，以至於每一種真核生物都無法離開另

2　譯註：美國犯罪小說作家湯瑪斯．哈里斯（Thomas Harris）的懸疑小說系列中的虛構人物，職業為精神科醫生，同時也是一名會吃掉受害者的變態殺手。

一種而單獨生存。結果，在最後這次雪球地球的壓力下，第一批多細胞生物（植物、動物和真菌的先祖）誕生了。

多細胞生物的複雜性

當單細胞生物之間的共生關係達到如此緊密的程度時，它們跨越了界線成為多細胞生物。舉例來說，你**不只是**與你的肝細胞共生。當你去商店時，你的肝臟無法跟在你身後爬行。它是你不可分割的一部分，事實上，你是一個結構體，一個有機體。

多細胞生物是由好幾兆個細胞所構成的集合體，每個細胞都由ＤＮＡ塑造，以展現不同的行為、發揮某種功能，並與相似的細胞合併形成器官。器官本身是由拼湊的複雜網絡構成，例如循環系統、呼吸系統和消化系統。

為了讓你明白這其間的差距有多大，這麼說好了：光是一個人體內就有三十七兆個細胞，而銀河系中大約只有四千億顆恆星。因此，人體內約有九十二點五個銀河系恆星數量的細胞。就組成部分和結構的複雜性來看，這已經遠超出我們在這個故事迄今為止所見過的任何事物。

多細胞生物具備許多可拆解的活動部位。因此，生物不必然總是有變得更複雜的演化動力。複雜性愈高，愈是脆弱。這就是為什麼現在地球上的大多數生命仍然是單細胞生物。只有當物種**迫於**環境的必須，才會演化而變得更複雜。

做為一個更普遍的原則，同樣的邏輯解釋了為何宇宙大多數部分都相當簡單，以及最多的原子物質是氫。從許多方面來看，複雜性是例外，而非通則。這一切都要追溯到宇宙大爆炸後，那些瞬間出現的不均勻微小能量點，當時的宇宙已有 99.9999999999% 的能量均勻地分布——或說處在死亡狀態。

生物的特質：主動尋找能量，為生存而戰

為了創造、維持或提升複雜性，你需要從能量較多處流向能量較少處的能量流。對有機體而言，為了維持自身的複雜性和避免死亡，它所需要的能量流密度（按大小比例）高於恆星需要的能量流密度：

- 太陽：二爾格（erg）／克／秒（每秒每公克的自由能單位）
- 典型的微生物：九百爾格／克／秒
- 樹：一萬爾格／克／秒

• 狗：兩萬爾格／克／秒

儘管三十八億年前的一丁點有機淤泥不像恆星那樣巨大（畢竟它既微小又極其脆弱），但一個細胞需要多上許多的能量來維持其所有運作部位。

從宇宙大爆炸後最初出現的物質和能量不均，到恆星、行星以及現在的生物體，就能量密度而言，微小的複雜性區域變得愈來愈明亮。這個趨勢將在我們的故事中延續下去。

然而生命要如何滿足日益增加的能量流需求呢？很簡單：它必須**主動**去尋找。恆星滿足於在太空中漂浮數十億年，只是簡單地燃燒掉燃料，但生物必須積極尋找新的能量流，才能維持自身的生存。生物透過化學合成、光合作用、咀嚼植物、狩獵或在凌晨兩點喝完一堆啤酒後前往麥當勞，來達成此一目標。你不會看見星星滿宇宙地漂浮，飢渴地追逐著逃逸的氦

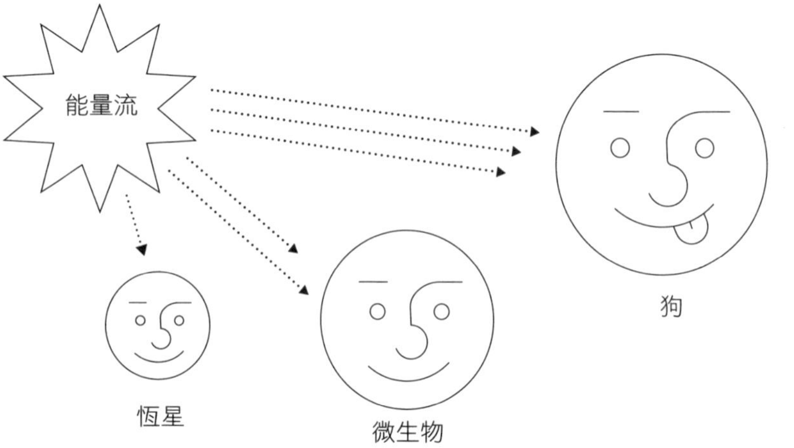

雲。主動找尋能量是生物的明確特質之一。

這也意味著，在我們故事中的此刻，我們愈加認清了歷史的能動力（historical agency）[3]。我們不再被置於一個被動、無生命、靜待其命運的宇宙。我們獲得了成長、改變和創新的能力，並且盡可能地推遲我們的滅亡。複雜性不再溫和地走入那個良夜。[4]

從此刻起，我們要為生存而奮戰。而複雜性愈高，我們獲勝的機會就愈大。

3　編按：個人、團體或其他行為者在歷史過程中做出選擇、採取行動、並對歷史產生影響的能力。它強調歷史並非只是大環境或制度主導的結果，而是有具體行動者的參與和選擇。

4　編按：這句話的典故出自愛爾蘭詩人狄蘭・湯瑪斯（Dylan Thomas）的詩句：「別溫和地走入那個良夜。」（Do not go gentle into that good night.）據說此詩是寫給他臨終的父親，鼓勵他父親不要輕易向死亡投降。

第5章

爆炸與滅絕

多細胞生命在海洋中繁衍生息／演化出眼睛、脊柱和大腦／植物之後是昆蟲，接著是脊椎動物慢慢登陸／滅絕事件之後的快速演化，創造出怪奇的新物種／複雜性穩定下來，出現達爾文式「尖牙和利爪」[5]的盛衰交替。

我們現在進入一種更典型的演化觀。那是「大自然的尖牙和利爪沾滿鮮血」的世界，多細胞生物不斷演化，為了生存而奮戰。這個階段呈現了前所未見的複雜度。從宇宙大爆炸以來，我們的故事先前的變化是以數十億或數億年為度量單位，但演化的改變進行得更加快速。這是更高複雜性的另一副作用。變化的速度加快，並對周遭環境產生更深遠的影響。從這個角度而言，過去的六億三千五百萬年確實發生了許多事……

六億三千五百萬至六億六千萬年前的這段時期，其主要特徵是爆炸和滅絕的模式。當生命發展出革命性的新特質，在環境中開闢出無數個新生態位，新的演化便隨之爆發。還有某些導致地球上很大一部分物種死亡的災難性滅絕事件後留下的空白，也迅速被生命填補。每當這類事件發生時，我們就會看見新事物的出現。

但必須注意的是，這一切沒有一件是注定會發生在恆星中的。我們極有可能從未進行演化。地球上的整個生命實驗，可能就因為好幾億年前一顆位置恰好的小行星而結束。當我想到在數億年的演化過程中，可能會發生不同的事件，或者許多人類先祖可能無法存活下來，或是當我將所有這些可能性加總起來，再加上我是數十億個精子中存活下來的那一個，對於自己竟能存在於這個宇宙中這件事，我便感到無比幸運。

按定義而言，達爾文主義的世界是一個殘酷的世界。滅絕是

5 編按：典故出自英國詩人阿佛烈・丁尼生（Alfred Tennyson）的名句：「大自然的尖牙利爪沾滿鮮血。」（Nature, red in tooth and claw.）形容的是自然界殘酷且充滿競爭的一面。作者在此便借用詩句中的「尖牙與利爪」（tooth and claw）來連結達爾文進化論所揭示的殘酷自然法則。

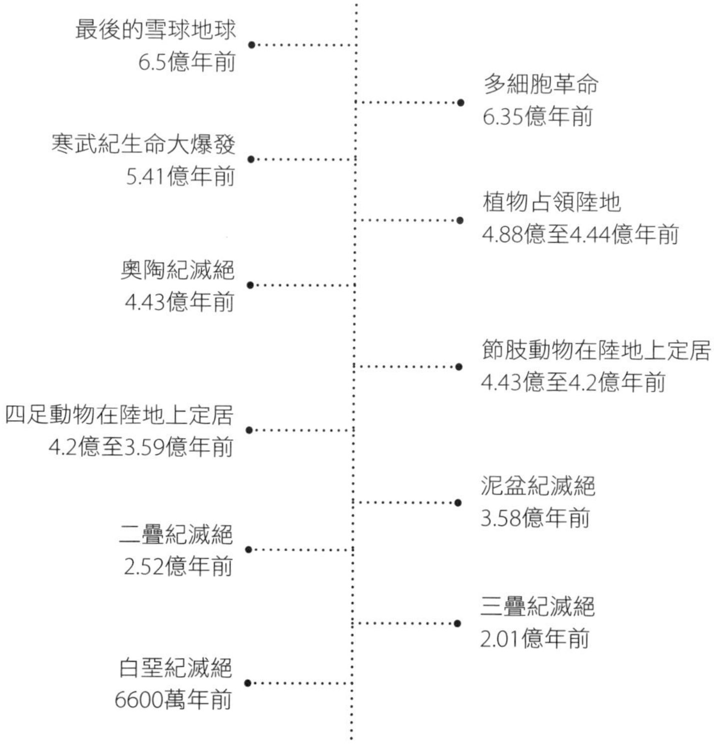

演化不可或缺的部分。為了使生物有用的特性被天擇所「選定」，其他相互競爭的大量生物必須不復存在。一個特定環境中的利基和資源是有限的。百分之九九．九曾經存在的物種早已滅絕。「天擇」這個名稱有點用詞不當，因為與其說大自然主動進行篩選，不如說它淘汰掉了其他一切。

我們是倖存者。

埃迪卡拉紀：六．三五億至五．四一億年前

上一次雪球地球消退後，由於火山噴發出二氧化碳，造成大氣中的氧氣含量下降。結果氣候急劇變暖。第一個多細胞生命在海洋中形成。到此時為止，陸地上尚無一絲多細胞生命的痕跡，陸地仍然像火星表面一樣貧瘠和崎嶇。

我們很難找到埃迪卡拉紀（The Ediacaran）的化石，因為大多數的埃迪卡拉紀生物都很軟、很黏，牠們還沒有演化出寒武紀時出現的碳酸鹽外殼和骨骼。第一個多

埃迪卡拉紀生物

細胞物種在嘗試形成新的生命類型時，顯得有些謙卑，甚至有些笨拙。在此之前，天擇尚未作用在這類結構上。因此，牠們看起來非常古怪，與後來的生物幾乎沒有相似之處。

舉例來說，動物界中有一種生物被歸類為埃迪卡拉（*Ediacara*）——牠們奇怪的凝膠狀結構看起來介於珊瑚和水母之間。另外還有阿卡魯阿（*Arkarua*），牠們看起來像奇怪的圓盤，如被子般貼伏在海底。因為牠們似乎沒有嘴巴和肛門，所以很可能是透過皮膚吸收食物，然後用相同的方式排泄廢物。還有看似某種原始蠕蟲的雙羽蕨蟲（*Pteridinium*），以及看起來像是長型的水下蕨類的查尼亞蟲（*Charnia*）。幾乎所有埃迪卡拉紀生物都沒有辦法運動，儘管有些可能會在海底漂移，以牠們能找到的食物為食。那是一段奇異的年代。洛夫克拉夫特（H.P. Lovecraft）[6]肯定是埃迪卡拉紀迷。

寒武紀：五・四一億至四・八五億年前

寒武紀生命大爆發（Cambrian Explosion）是演化疾速的時期，多細胞物種進入新的生態位。這個過程始於五億四千一百萬年前，持續了大約一千五百萬年。由於生物演化出堅硬

6 譯註：1890-1937，美國恐怖、科幻與奇幻小說作家，尤其以怪奇小說著稱。

的外骨骼和外殼，該時期有大量豐富的化石。牠們是節肢動物，是螃蟹、龍蝦、昆蟲、蛛形綱動物等的先祖。牠們要嘛令人毛骨悚然，要嘛是菜單上最昂貴的東西。

生物演化出眼睛。起初，眼睛是動物用來偵測光線和運動變化的原始感覺工具。這項創新延續下來，這就是為何我們在所有動物身上都能看到眼睛的原因，即使新演化物種的眼睛用途正在減少，例如蝙蝠、獾或深海魚。眼睛的演化方向不盡相同。舉例來說，許多軟體動物的眼睛分布在身體各處，而不是在我們所認為的頭部中央。螞蟻或蜘蛛的眼睛與我們的眼睛也大不相同。即便是人類和狗這樣的近親物種，兩者的視覺能力也各有不同。

最成功的節肢動物是各種不同種類的三葉蟲（trilobite）。寒武紀三葉蟲的大小介於五至三十五公分之間，以各式各樣的東西為食，從細菌、植物到其他動物。牠們有時會數以千百地聚集在一起。三葉蟲將持續更多樣化，並一直生存到兩億五千兩百萬年前的二疊紀滅絕事件。

三葉蟲

脊索動物（Chordates）（我們的動物先祖）的起步相對卑微。最早的脊索動物是在五億三千萬年前演化的。牠們原本是外形類似蠕蟲的皮卡蟲（*Pikaia*），游動起來像鰻魚。皮卡蟲只有幾公分長，身體裡有一根由軟骨構成的杆子，那是原始的脊柱。牠們是脊椎動物的先祖。由於其游泳方式，該物種的一端總是朝前，用來碰見食物或危險。這導致了頭化過程（cephalisation），亦即愈來愈多感覺器官移至身體的某個部位，因為這些神經開始沿著這些軟骨移動到我們現在所認為的頭部。這是大腦演化的第一步。五億兩千五百萬年前，隨著海口魚（*Haikouichthys*）的演化，頭化的趨勢仍在持續，海口魚是第一批可辨識的寒武紀無頜「魚」之一。

寒武紀的另一項創新是掠食。奇蝦（*Anomalocaris*）大約生活在五億一千五百萬至五億兩千萬年前，是一種凶猛的節肢動物，體長約一公尺（比寒武紀其他大多數生物的體型都要小）。奇蝦具備防禦性的外骨骼，前面有兩隻帶刺的巨螯，用以在海裡捕撈不知情的獵物，用尖刺刺穿牠們，然後送到朝下的嘴裡吞食。有趣的是，「*Anomalocaris*」這個名字源自拉丁語，粗略的翻譯是「奇怪的蝦」或「奇怪的海蟹」。

從許多方面來看，掠食只是自然界能量流動不可避免的演化延伸。如果你可以食用太陽能、化學物質、植物或死掉的東西（如真菌那樣），那麼你為何不能演化到吃那些以這些東西為食的多細胞生物呢？奇蝦的刺穿和吞噬行為在人類看來之所以更凶殘，是因為我們會本能地避免自己被吃掉。我們選擇稱之為無害或凶殘的能量流動過程，是受到我們的演化本能和觀點的主觀影響。這種主觀性在某種程度上，使得我們對雜食人類與草食動物之間的道德討論，以及對達爾文主義世界殘酷本質的看法變得複雜。

掠食引發了一場演化的軍備競賽。為了應付奇蝦等掠食者，某些種類的三葉蟲開始在外骨骼上長出尖刺來嚇阻其他生物，以免被吃掉。有些三葉蟲則學會捲成球狀來保護自己，或者發展出偽裝和更快的移動速度，以避免被發現和避開危險。其他三葉蟲開始吃蠕蟲、水母和其他沒有保護措施的動物，而這些動物自己也變成了掠食者。掠食者和獵物之間的演化軍備競賽一直持續至今。

奧陶紀：四・八五億至四・四四億年前

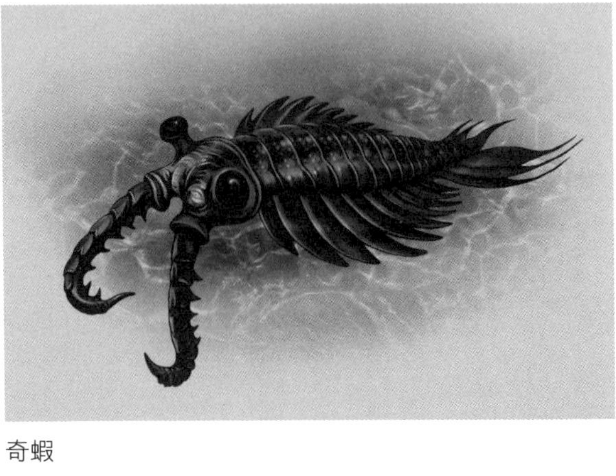

奇蝦

奧陶紀（The Ordovician）大氣中的二氧化碳含量是現在的十倍。在奧陶紀早期，海洋的平均溫度介於浴室和熱水浴缸的溫度之間（分別為三十五度和四十度C）。到了四億六千萬年前，海洋平均溫度已冷卻至二十五度至三十度C，這個溫度仍然很溫暖，大約是熱帶水域的溫度。

章魚和海星的最早先祖出現了。珊瑚礁在溫暖的水域中形成。牡蠣、蛤蜊和海螺的先祖全都在繁衍。第一批海蠍出現，有的和現代的蠍子一樣大，有的身長和我們的小腿一樣長。總而言之，奧陶紀的海洋物種數量比寒武紀增加了四倍。

同時，第一批多細胞生命開始登陸。它們是植物。這些藻類最初是海岸線和河流裡非常簡單的藻類，其中一些演化成高度不及十公分的小雜草狀結構。植物也與真菌共生，真菌為植物提供礦物質，並緊密附著於植物的根部。

自雪球地球以來，首度出現大規模的滅絕。由於陸生植物的作用，地球上的氧氣含量開始再次增加，引發了一段冷卻期，導致溫水生物大量死亡，但這段冷卻期是短暫的。大氣中的二氧化碳迅速達到原來的水平，致使全球變暖，並殺死了那些為適應較冷環境而演化的物種。

總共有百分之七十的海洋生物被滅絕，留下來的生態位等著倖存者演化、加以填補。

志留紀：四．四四億至四．二億年前

植物繼續朝內陸前進，形成了微小的灌木和苔蘚。地球的大部分區域仍是岩石地帶，只有在水源附近才有少量的矮小森林。

真菌在陸地上生長得更快，有些可高達數公尺。儘管植物的根部還很原始，無法穿入地球的岩石外殼，但真菌卻能侵入岩石，並在此時期蓬勃發展。

在海洋裡，有些魚類演化出下顎，它們的脊椎變得更明顯。有頜魚（jawed fish）很快促成第一批鯊魚的演化，而演化的軍備競賽持續進行著，其他魚類則發展出更快的反應能力和更複雜的大腦。

節肢動物（昆蟲、龍蝦等等）於志留紀（The Silurian）登陸。在奧陶紀滅絕事件的壓力下，第一批陸地節肢動物被迫離開海洋，在死亡和活著的植物中發現了食物資源。例如一種古老的馬陸

志留紀頜魚

（*Pneumodesmus*）生活在四億兩千八百萬年前，體長約一公分，以死亡的植物為食。在這些草食性昆蟲出現之後不久，節肢動物掠食者就出現了，其中最引人注目的是第一種類似蜘蛛的蛛形綱動物。

志留紀大氣中的氧氣含量依舊很低，平均約百分之十五，因此這些掠食者仍然很小：體長只有幾公分。志留紀是一個充滿微小昆蟲和微小植物的世界，其中真菌占主導地位。這幅景象有點令人倒胃口。

泥盆紀：四．二億至三．五八億年前

這個世界氣候溫和，可能幾乎沒有極地冰，除了赤道地區形成的沙漠之外，地表大多布滿茂密的熱帶植物。

真菌開始形成高達十公尺的丘堆，並產生愈來愈多柔軟的土壤，植物能用根部穿透這些土壤。如此能讓蕨類植物和苔蘚在河床之外的地區大量生長，地球最後變成綠油油的一片。

到了四億一千萬年前，有些植物設法長到十四公尺高，到了三億八千萬年前，某些種類的植物已經演化出木質結構來強化它們的莖，以維持這麼高的高度，甚至長得更高來爭奪陽光。因此，這是第一片真正的森林。

海洋中的物種極為多樣化。魚類開始長得更大、更強壯，有些長達三至七公尺。牠們發展出條鰭和肉鰭，以及更複雜的身體結構。鯊魚數量變得極多。海蠍可以長到二・五公尺長。

為了捕捉獵物，蜘蛛開始發展吐絲的能力。會飛的節肢動物出現在這個時期，並開始利用這種機動性的優勢，四處嗡嗡作響。

陸地上出現四足動物（或第一批脊椎動物）是泥盆紀（The Devonian）所發生影響最深遠的變化。三億八千萬年前，第一批肺魚（lungfish）出現。牠們的頭頂上有一個有角度的洞，以便空氣可以流入原始的肺部。第一批肺魚具備強壯的前鰭，可以

泥盆紀海蠍

早期四足動物

拖動自己的身體在淺水底部尋找食物。漸漸地，這種動力轉變成沿著海灘拖行。三億七千五百萬年前，提塔利克魚（*Tiktaalik*）已經能夠呼吸空氣，並長出強壯的前鰭和後鰭，以及有助於移動的原始臀部。

到了三億七千萬年前，我們已經過渡到四足形類（stem-tetrapods），例如魚石螈（*Ichthyostega*）。魚石螈體長約一至一．五公尺，是第一種原始兩棲動物，棲息在淺沼澤中。其先祖頭骨上的孔洞已演變成鼻孔。牠們具有最早的四足動物典型的四肢和五趾構造。所有陸生脊椎動物都具備相同數量的、現有或「退化」的肢和趾，包括你我人類、蛙、狗、貓、馬、蜥蜴、熊甚至蛇。即便是蛇這個極端的例子，仍可發現牠們退化的肢——但已經萎縮到幾乎難以察覺。

到了泥盆紀末期，植物釋放出過多的氧氣，導致地球變得寒冷、乾燥。兩棲類（僅有的四足動物）乾枯死亡，其中大約百分之九十五至百分之九十七被消滅。令人震驚的是，如今地球上四足動物的多樣性，從蠑螈到貓頭鷹、以至於人類，都是源自這百分之三至百分之五的遺傳瓶頸（genetic bottleneck）[7]。與此同時，氣候變遷造成約百分之五十的水生生物滅絕。

石炭紀：三．五八億至二．九八億年前

巨大的石炭紀（The Carboniferous）樹木使大氣中的氧氣含量達到百分之三十五（現今為百分之二十一）。地球上布滿石炭紀的森林。有些喬木長到五十公尺高。由於它們向大氣中排放了過多氧氣，結果也導致了自身的滅亡。可怕的森林火災極為常見。大片土地變得乾燥，森林再也無法生長，留下一層層枯死的樹木，形成了我們今天所使用的部分巨大煤層。

氧氣的增加創造出體型更大

石炭紀的巨型昆蟲

的節肢動物，這裡說的是翼展長達一公尺的巨型蜻蜓、體長將近兩公尺的巨型陸蠍、巨型地面蜘蛛、巨型蟑螂和身長兩公尺、寬半公尺的巨型馬陸。石炭紀是時光旅行恐怖片的絕佳背景。

第一批爬蟲類動物於三億五千萬至三億一千萬年前演化，在石炭紀森林因氣候乾燥而瓦解後，牠們的演化變得更猛烈。爬蟲類擁有堅韌的皮膚，不會失去太多水分。這意味著牠們可以進一步向內陸遷移，遠離豐沛的水源。有些爬蟲類甚至可以在沙漠氣候中生存，牠們的數量正逐漸增加，並開始產下有硬殼的卵，代表牠們不需要回到水中繁殖。

二疊紀：二・九八億至二・五二億年前

氧氣含量下降到百分之二十三，昆蟲的體型也跟著縮小。體型愈大的物種需要愈多氧氣才能生存。二疊紀（The Permian）裡最成功的節肢動物是蟑螂的先祖，蟑螂構成了這時期昆蟲生物群的絕大多數。沙漠裡到處都是蟑螂，真噁心。

7 編按：指一個族群因環境或人為因素造成個體數急劇減少，導致只有少數基因能夠延續到下一代的現象。這種情況會大幅減少基因多樣性，使族群更容易受到疾病、環境變動或遺傳缺陷的威脅。

爬蟲類繁衍興盛。二疊紀的哺乳類和恐龍的先祖分別是合弓綱（*Synapsids*）和蜥形綱（*Sauropsids*）動物。合弓綱動物是原始的哺乳動物，但看起來仍然很像爬蟲類。牠們用乳腺來哺育幼崽，許多以蟑螂為食物。品味是一件無可解釋的事。

獸孔目（*Therapsids*）是由合弓綱動物演化而來的。牠們精力充沛，行動迅速，因此體溫較高。換句話說，牠們是溫血動物。為了維持這個體溫，許多動物開始長出毛皮。兩億六千萬年前，獸孔目演化出一個較小的族群：犬齒獸亞目（*Cynodonts*），牠們是體型小的膽小生物，許多具備挖洞的能力。

在族譜的另一端，蜥形綱動物保留了更多我們所描述的爬蟲類特徵。牠們是許多生物的先祖，從烏龜、鱷魚，到主龍、翼龍、恐龍和鳥類（鳥形恐龍）。

兩億五千兩百萬年前的二疊紀滅絕事件，或稱大滅絕，理論上是由現今西伯利亞的一次超級火山噴

獸孔目動物

發所引起的。這是一場持續了約一百萬年的災難。火山灰被拋進大氣中，遮蔽了陽光並殺死了植物。

酸雨從天而降。海洋中的氧氣被剝奪。這是一場大規模滅絕事件，幾乎終結了地球上全部的複雜生命。這對地球造成了極為慘痛的影響，約莫百分之九十至百分之九十五的物種滅絕。犬齒獸亞目動物由於體型較小而且會挖洞，因而得以存活下來。倖存的蜥形綱動物在新的氣候下繁衍茁壯，很快就統治了地球。

三疊紀：二．五二億至二．○一億年前

直到三疊紀（The Triassic）中期，生物圈才從大滅絕的破壞中恢復過來。當時整體環境相當乾燥，盤古大陸（Pangea）內部形成了大片沙漠，比二疊紀還要乾旱。雨水根本無法到達這個超級大陸的內部。

蜥形綱譜系衍生出主龍類，而所有的恐龍、翼龍和鱷魚都是從主龍類演化而來的。相較於其他爬蟲類動物，主龍擁有一個優勢，那便是牠們具備多個肺，可以在氧氣含量僅百分之十六的大氣中呼吸。在三疊紀初期，恐龍只占少數，大約是百分之五。

兩億三千四百萬年前，火山活動升高了地球的氣候和溼度。突然間，到處都下起雨。

在此「雨季」中，雨水接連兩百萬年傾瀉在地球上。這對於喜歡乾旱沙漠氣候的動物產生了毀滅性的影響。同時，恐龍在這時形成的更潮溼環境中蓬勃發展。第一批翼龍開始起飛。

兩億一百萬年前的三疊紀滅絕事件（原因尚不清楚，但禍首可能是一顆小行星）消滅了大量的兩棲動物、獸孔目，以及除了恐龍和翼龍以外的大多數主龍類物種。因此，恐龍占了地球上所有四足動物的百分之九十。原始哺乳動物蜷縮在邊緣。

侏羅紀：二・〇一億至一・四五億年前

侏羅紀（The Jurassic）時代展開，超級大陸盤古大陸開始分裂，氣候愈來愈潮溼。現代大陸開始成形，北美洲和歐洲合併在一起，南美洲和非洲仍然連接著它們完美的「拼圖」。這兩對大陸夫婦之間的隔閡正日益加深。結果，裡面的大片沙漠不復存在。雨水落在更多土地上，森林和茂密的植被面積變大。氧氣含量增加到約百分之二十五。

恐龍填補了三疊紀滅絕後留下來的空白生態位。潮溼的雨林為草食動物提供了大量食物，恐龍也演化成能以愈來愈多的植物為食。因此，我們看到諸如超龍（身長三十五公尺）和異特龍（身長十公尺，典型外觀的恐龍掠食者）之類的物種演化並主宰食物鏈。

原始哺乳動物則保持低調，牠們的平均體型和老鼠相差無幾，會挖洞或藏身在樹上，以昆蟲為食，只在夜間出沒。到了一億六千五百萬年前，其中一些原始哺乳動物開始適應樹棲生活，並發展出滑翔能力，還有一些返回海岸線和臨水的棲息地。

到了侏羅紀後期，第一批鳥形恐龍（鳥類的先祖）開始飛上天空。極少數三疊紀恐龍身上出現了一種用來保暖的絨毛，這些絨毛後來變成羽毛。有些恐龍仍披覆著原始的羽毛（甚至白堊紀的霸王龍也可能有絨毛），有些恐龍則完全沒有羽毛，但有些物種的羽毛催生出飛行能力。

二疊紀時期
二．五二億年前

三疊紀時期
兩億年前

侏羅紀時期
一．五億年前

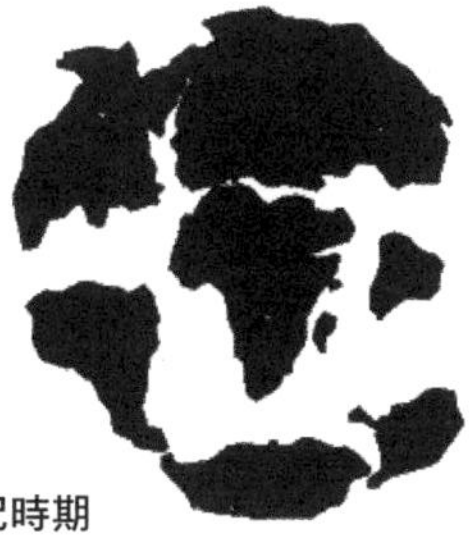
白堊紀時期

現在

白堊紀：一．四五億至六千六百萬年前

盤古大陸已徹底分裂。北美洲和南美洲慢慢向彼此靠近。澳洲、南極洲和印度從非洲分離出來，非洲與歐亞大陸的腹部相撞。

氧氣含量上升到百分之三十。在仍由恐龍主宰的地球上，生物圈的某些角落開始顯得更「現代」。草類植物首次演化出來。這想像起來有點怪，若想到現在地球上的大部分地區都被這種東西覆蓋的話，但在之前地球最綠油油的時期，不管是石炭紀或侏羅紀，草都不存在於植被中。

大約一億四千萬年前，螞蟻出現了。牠們是生物圈中最常見、適應力最強的物種之一，數量約占當今地球生物量的百分之二十。此後，在一億兩千五百萬年前，開花植物（先前並不存在）演化出來並遍布全球，主要就多虧了它們與蜂的同步演化。

大約同一時間，第一批原始胎盤哺乳動物和原始有袋哺乳動物出現在化石紀錄中。兩者是胎生而非卵生動物，前者在子宮中孕育後代的時間較長，而後者則在育兒袋中生育和哺育後代。儘管胎盤動物依然又小又膽怯，但牠們會在美洲、歐亞大陸和非洲大放光采，而有袋動物則會在澳洲占據主導地位。可是鴨嘴獸的先祖卻生下了蛋，讓人摸不著頭緒。

同時，恐龍繼續稱霸地球，占據了大多數的生態位。恐龍的數量過剩加劇了物種之間

的競爭——尤其影響到食草動物與獵殺牠們的食肉動物之間的平衡。因此，在這段時期，雙方都發展出一些極驚人的型態——從頂級掠食者，例如霸王龍和艾伯塔龍的出現，到角龍（例如三角龍）使用日益多樣化的防禦性獠牙，以及蜥形目動物例如阿馬加龍在脖子上長出長長的棘刺，用以抵禦掠食者，或者甲龍配戴著厚重的裝甲板。

白堊紀（The Cretaceous）的一次滅絕事件抹除掉地球上百分之七十的現有物種，其中包括百分之九十的陸地動物和百分之五十的植物物種。一顆直徑十公里（六・二英里）的小行星撞擊猶加敦半島，引發遍及全球的地震、海嘯、覆蓋整個大陸的森林大火，以及大規模的酸雨洪流，奪去了許多生命。之後，飛揚到空中的灰塵阻擋住太陽的光能，殺死了更多的植物，導致倖存的草食動物被餓死，接著是食肉動物因飢餓而亡。地球

甲龍

上堆滿腐爛的植物和動物，被蒼蠅、蛆蟲和其他食腐動物吞食。那些能以昆蟲為食的鳥類，還有靠著殘存的少量植物存活下來的哺乳動物逃過了這場大災難，但非鳥形類恐龍則滅亡了。這些生態位再度被清除乾淨，而這一次，填補空缺的將是哺乳動物。

六億三千五百萬至六億六千萬年前的多細胞生物時期，整體複雜度僅略微提升。事實上，在這段期間，複雜性或多或少處於穩定狀態。達爾文式的演化與滅絕遊戲可能是已知宇宙中複雜度的巔峰。在一個由哺乳動物當家做主的世界，除非發生一連串意外事件，否則將會出現一種更快的新演化形式，能達成更高程度的複雜性：文化。

第6章

靈長類的演化

哺乳動物填補了恐龍留下的空缺位置／靈長類動物演化出明顯熟悉的特徵／人類從我們與大型類人猿的最後共同先祖分支出來／我們開始用雙腿走路、大腦變得更大／我們每一代所累積的資訊，開始比下一代所遺失的還要多。

六千六百萬年前，世界仍是一片荒涼，寒冷乾燥。四處散落著死去的動植物，它們在陽光下腐爛，逐漸被一層層塵泥所覆蓋。由於食物鏈的崩潰，大型物種在白堊紀滅絕事件中遭受嚴重的打擊。此時這片土地除了海龜和鱷魚之外，還棲息著鳥類和哺乳動物等小型生物。

生物演化的興衰起落一如既往地循環持續著。世界的生態位已經被徹底清空。哺乳動物的快速演化再度將之填滿。起初的哺乳動物類似老鼠或花栗鼠，牠們大多體長小於五十公分，重量不足一公斤。牠們啃食植物和蟲子，鑽進地下或藏身樹林。這些倖存的哺乳動物將變得多樣化且主宰地球，就像之前的恐龍、爬蟲類、兩棲動物和節肢動物一樣。而達爾文式的演化循環可能還會持續數億年，沒有任何複雜性提升的跡象。然而這一次，地平線上出現了新東西……

到了六千萬年前，氣候再次變暖。整個世界暖洋洋的，北美洲和歐亞大陸屬於熱帶。地球上的大部分地區被森林覆蓋，赤道地帶則是沙漠。南極和北極幾乎沒有冰。哺乳動物已經開始繁衍生息。

此時大象的先祖並不比狗大，但牠們逐漸演化成為世界上最大型的陸地哺乳動物。同時，一種大小與之相仿的哺乳動物開始捕食魚類和紅肉，用鋒利的牙齒撕扯獵物的肉。到了四千兩百萬年前，這些食肉動物已經演化成具備犬科和貓科特徵的兩個分支：分別是

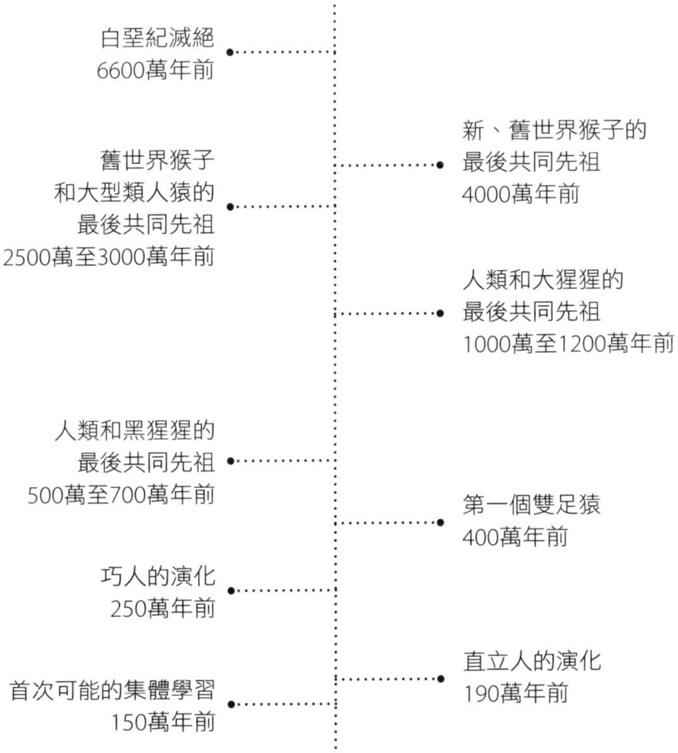

狼、狐狸和熊，或獅子、老虎和美洲虎的先祖。

五千五百萬年前，一種大小與貓相近的小型哺乳動物演化成有能力週期性地在水裡待上一段時間，甚至沒入水中。這種哺乳動物是河馬和鯨的先祖。鯨的先祖開始在海洋中度過愈來愈長的時間，起初是在淺水裡，後來能夠潛得更深，吞食大量的磷蝦和魚。到了四千萬年前，牠們就完成了轉變成鯨的演化過程。

同樣在五千五百萬年前，馬的先祖——多趾、大小和狗差不多——棲息在森林中。牠在森林地面的喬木和灌木叢中安靜敏捷地爬

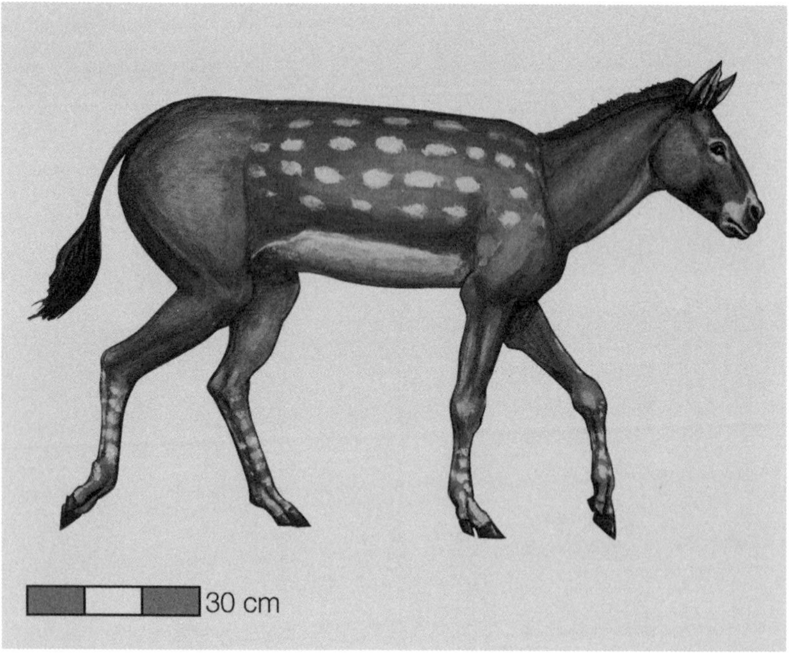

始祖馬

行。一旦氣候變得寒冷而乾燥，這些生物便開始更常用強大的第三趾奔跑。久而久之，其他腳趾明顯退化，形成了馬特有的蹄子。牠們不再爬行於森林間，而是進行極長距離的移動。

在相對較短的時間內——幾千萬年——哺乳動物迅速填補了環境生態位（environmental niches），從小小的體型成長為世界巨型動物群的主體，成為我們現今所熟知的物種的基石。

五千五百萬年前也是靈長類動物出現的時期。牠們原本是小型的樹棲哺乳動物，具備能抓握的手和朝向前方的眼睛。這些特徵特別有助於避免從樹上跌落。舉例來說，朝前的眼睛使靈長類動物擁有立體視覺和深度感知，這在判斷如何從一根樹枝跳到另一根樹枝時尤其重要。為了處理所有這些立體訊息，靈長類動物需要愈來愈大的大腦。

靈長類動物於四千萬年前定居美洲，被廣袤的大西洋隔開，在那裡不停演化成為新大陸的猴子。牠們的鼻子更扁平，鼻孔朝向側面，尾巴更長，便於抓握東西，而且大多數種類沒有對生的拇指。新世界的猴子也更傾向維持一夫一妻制的關係。

相反地，舊世界猴子中的大多數種類，更常見一夫多妻制。大多種類的雌性會與母親相伴一生，而雄性則在長大後建立自己的雌性後宮，並以深具攻擊性的方式趕走其他所有雄性。

在兩千五百萬至三千萬年前的非洲，大型類人猿與舊世界猴子分道揚鑣。大型類人猿是黑猩猩、倭黑猩猩、大猩猩、紅毛猩猩和人類的先祖。

靈長類動物具備了人類保有或拋棄的本能特質。明白我們保有哪些特質，可以讓我們了解大量自身演化機制的核心資訊，那是構成我們許多（即便不是全部）行為，以及我們如何建構社會的基礎。

大猩猩的「戰爭」

大約一千萬至一千兩百萬年前，人類與大猩猩的先祖在演化道路上分道揚鑣。儘管大猩猩看起來具有威脅性，但大多數大猩猩的攻擊行為都是以恐嚇和展示的形式呈現，如果單純的威脅不管用，牠們也能把自己保護得很好。整體來說，這是一場虛張聲勢的戰爭。

在大猩猩的階級制度中，雌性通常終生待在同一個群體裡，而雄性則會在成年後被群體的首領銀背大猩猩所驅逐，這些單身漢到處流浪，直到能夠建立自己的雌性大猩猩群體，或者取代另一群體中現有的銀背大猩猩。雄性競爭導致了高度的性別二型性（sexual dimorphism），這是一種演化進程，使生物的不同性別逐漸產生明顯的性別差異，雄性大猩猩的平均體型明顯大於雌性。雄性大猩猩也傾向會殺死非親生的幼崽，以增加自己的DNA主導的機會。

雌性大猩猩會確保與雄性大猩猩建立關係以獲得保護、免受掠食者侵害，更重要的是保護她們的幼崽。有血緣關係的雌性時常透過姊妹情誼團結在一起，盡力維持彼此的利益和安全。沒有血緣關係的雌性大猩猩往往會進行激烈的競爭。

雄性大猩猩更容易相互敵視，即使牠們之間有血緣關係。競爭和敵意更為常見，但有一個明顯的例外，那就是當雄性大猩猩被銀背大猩猩驅逐出雌性大猩猩群後，牠們有時會聚集在一起，而不是獨自遊蕩。在被放逐時，牠們彼此之間會更加友好，甚至會相互理毛和友好地摔跤玩耍。有些雄性大猩猩甚至完全避開配偶群，偶爾進行同性性行為。

我們最親近的表親：黑猩猩

黑猩猩是現存在演化上與我們關係最密切的近親。我們與黑猩猩有百分之九八．四的DNA是相同的。大約五百萬至七百萬年前，我們透過最後的共同先祖與黑猩猩分道揚鑣。黑猩猩的體型比人類小，身高約一百至一百二十公分，但牠們通常更強壯、更具攻擊性。黑猩猩的大腦比人類的大腦小三倍。儘管如此，我們還是可以在黑猩猩身上看到許多和人類相似的本能和行為，更別提創造力、聰明才智和集體政治。黑猩猩以植物和昆蟲為食，但也不難看見牠們獵食疣猴。雄性黑猩猩會成群結隊地四處遊蕩獵殺疣猴，並保護自己的領地不被其他黑猩猩群體侵擾。領土意識很可能是從我們與黑猩猩的最後共同先祖遺傳下來的特性，但這種行為在動物中並不罕見。新奇之處在於黑猩猩是以有組織的方式進行這件事。

不同於大猩猩，黑猩猩群體通常是由各有領袖的雄性和雌性團體所組成，雌性之間也存在著階級制度。黑猩猩群體的領袖可能是最強壯、最具攻擊性的，但並非總是如此。黑猩猩老大也必須最善於操縱和精明地維持結盟關係，以穩固其統治。一個黑猩猩馬基維利（Machiavelli）[8]。因此，有時的情況是，領導者本身並非最強壯的大塊頭，而是一位體型比較瘦弱的政客，但牠設法說服其他人聽命行事。其他雄性會聯合起來，發動暴力革命，推翻並取代領導者。這看起來顯然更像人類的政治。

雌性黑猩猩有牠們自己嚴格的階級秩序：有些雌性居於主導地位，有些則服從其他雌性。雌性統治階級也延伸到牠們的後代。高位階的女兒即便年幼弱小，別的黑猩猩一旦攻擊牠，就會受到當家主母及其盟友的懲罰。這個女兒便受到這樣的保護，直到她能開始建立自己的統治聯盟。這種行為隱含著某種世襲原則，亦即一個人可以憑藉父母的身分在階級制度中獲得額外的特權。

同時，雄性黑猩猩的統治地位完全取決於是否被雌性統治階級所接受。如果牠們不喜歡你，你就無法成為該團體的領頭者。如果你已經是領頭者，而雌性黑猩猩反對你，那麼牠們會協助推翻你，並讓新的雄性黑猩猩取代你的位置。這甚至讓人想起古代人類歷史中精英女性（例如羅馬皇后利維亞・德魯西拉〔Livia Drusilla〕[9]）所擁有的「軟實力」。

如果你的階級較高，可以優先獲得配偶和食物。相較於其他靈長類動物，黑猩猩的階級制度顯然比較複雜，需要演化出更大的大腦，來處理為了維持結盟關係所需的所有社會互動。

如同許多靈長類動物，黑猩猩也會使用工具。牠們會製作棍子，釣取地面上的白蟻為食。牠們會用石頭當錘子，還會用樹葉當作海綿來吸收水分。牠們利用樹枝做為槓桿，甚至設計出香蕉葉的傘。這些技巧由成年者傳授給幼童，可以算是一種社會學習模式，甚至是一種文化形式。然而，牠們沒有一代代地在這些發明的基礎上累積成果，否則五百萬年來，黑猩猩「釣食白蟻」的技術無疑應已達到工業規模。

黑猩猩有語言。大多數黑猩猩透過手勢進行溝通，但牠們確實能發出範圍有限的聲音。這種限制是黑猩猩的生理結構所造成的，這限制了牠們的發聲範圍以及大腦容量。在圈養的條件下，黑猩猩曾展現出能記憶大量書寫符號的驚人能力。

---

8 編按：馬基維利是義大利知名政治家，其著作《君主論》等講述的是政治的權術及權力的運作。作者在此即用馬基維利來比喻黑猩猩擅長政治操作的特質。

9 編按：羅馬首位皇帝奧古斯都的妻子，以其政治智慧與謀略聞名。她積極參與朝政、扶持其子提比略登基，奠定日後朱里亞—克勞狄王朝的穩固基礎。

黑猩猩也可能非常暴力。雄性黑猩猩會成群結黨，在自己的領地內漫遊，看看能否找到一隻落單的黑猩猩來毆打，然後牠們就會開始對這隻落單的黑猩猩又踢又打。黑猩猩撕扯對方身上的肉是一種常見的行為——尤其是耳朵和臉部，以及最令人震驚的生殖器。黑猩猩之間並不存在戰爭。牠們的數量不足，也沒有太多協調能力。但牠們非常樂意巡邏自己的領地和殘忍地對待陌生人。針對群體之外的個體群起施暴，確實是與人類共有的特質。

可惜我們沒有更像倭黑猩猩？

黑猩猩以雄性為首，而且攻擊性很強，因為性是按照階級來分配的。與之形成強烈對比的是牠們的近親（也是我們的近親）倭黑猩猩。大約兩百萬年前，兩群黑猩猩先祖被不斷擴大的剛果河分隔在不同的環境中。南方的黑猩猩（後來變成了倭黑猩猩）演化出截然不同的習性。倭黑猩猩生活在以雌性為主導的階級制度下，性行為十分頻繁。雄性通常比較身強力壯，然而在極罕見的情況下，如果有雄性對雌性表現出攻擊性，一群姊妹就會聯手制止牠。牠們有時會用喊叫聲嚇跑牠，有時會折斷牠的手指。在維護階級制度時，雌性之間也會發生暴力行為。但由於頻繁的性行為，整體而言減少了許多暴力行為。

倭黑猩猩能「面對面」進行性交、口交和舔陰，以及進行「法式接吻」，這對大多數靈長類動物而言相當罕見。倭黑猩猩性慾旺盛，每隔幾個小時就會自慰一次。在互相打招呼時，倭黑猩猩傾向於觸摸對方充血的生殖器，稱作「倭黑猩猩握手」，以緩解起初的緊張氣氛。由於倭黑猩猩群體中的性行為更加普遍，所以雄性黑猩猩原本就比較沒有發動攻擊的理由。當兩群倭黑猩猩在樹林中相遇時，群體中的雄性一開始可能會有點緊張，但接下來兩群雌性黑猩猩就會跨越界線，開始與陌生的雄性發生性關係。群體間的緊張局勢會在黑猩猩之間引爆鬥毆，而在倭黑猩猩之間則以性狂歡收場。

因此，人類和黑猩猩的關係比和倭黑猩猩的關係更密切，這也許是不幸的事。然而，雖然侵略性、戰爭和雄性競爭也都存在於人類身上，但我們似乎與倭黑猩猩有許多相同的性習慣，甚至有時會主張「要做愛，不要作戰」(儘管人類歷史中，那種嬉皮時期比「要作戰」的例子少得多)。

但有待商榷的是，我們所熟悉的黑猩猩特質，有多少是人類從最後的共同先祖那裡繼承來的，又有哪些是人類在許久以後的文化中發明出來的？如果人類社會更多的負面面向是建立在演化機制上，它們可能永遠都無法被消除；如果這些觀念是由文化造就的，可能歷經一、兩代人之後就會被遺忘。因此，我們不禁要問：我們在與黑猩猩分離的五百萬年裡，是如何持續演化的？

雙足行走帶來的好處

五百萬年前，我們的先祖還棲息在非洲森林裡。我們與黑猩猩的最後共同先祖用彎曲的腿在地上行走，用手臂撐著地面保持平衡。比起在平地上長距離行走，牠們更適合快速爬樹以躲避掠食者（非洲有很多掠食者）。

四百萬年前，氣候進入乾旱階段。森林逐漸縮小，只剩下林地，最後形成廣闊的東非大草原。離開森林去覓食的靈長類動物再也無法爬上樹來尋求安全，牠們必須走得愈來愈遠才能找到食物。因此，我們的先祖開始用兩條腿直立行走，而演化出雙足行走。

我們的第一批雙足動物先祖南方古猿（*Australopithecines*）身形矮小，僅有一公尺左右高，或略高於三英尺半。牠們看起來很像黑猩猩，只不過是靠雙足行走。南方古猿主要是草食動物，牠們的牙齒適合磨碎粗硬的水

「露西」，已知最古老的人類先祖之一

果、樹葉和其他植物（儘管人類後來開始吃肉，但仍然繼承了這些牙齒）。牠們可能偶爾會吃屍體的肉，但並不真正具備吃生肉的生理條件，也不知道如何用火來烹食生肉。

由於南方古猿用雙腳走路，使牠們得以空出雙手，能自由做出更多手勢，從而拓展牠們的語言領域。牠們透過手勢和臉部表情、而非咕咕噥噥和叫喊聲來完成大多數的交流。即便在今日，許多人類學家和心理學家也斷言，人類的絕大部分溝通仍是透過微妙的手勢、而非語言來傳達複雜的情感和心理狀態。自由的雙手也使得南方古猿能夠攜帶工具，並將它們從一處運送到另一處。強化的語言和更頻繁地使用工具，為南方古猿帶來了演化壓力，迫使牠們增加大腦容量以跟上變化。

巧人：溝通與結盟的需求漸增

到了兩百五十萬年前，演化出了巧人（*Homo habilis*）。巧人的身高沒比南方古猿高多少，腦部也只比南方古猿大一點點，但他們的智力和創造力似乎有所提升。我們已知巧人會把石頭敲碎用來切割物品，而製作石片是一件難事。人類考古學家曾嘗試重現這項活動，但有點棘手，需要大量的反覆試驗。這需要有相當高的智能、意圖和工匠般的耐心。但進展還是有限。儘管石器加工是一項重要突破，但在巧人存在的一百萬年裡，我們幾乎沒有看到技術進步的跡象。我們看見發明，卻沒有看見一代代的發明被累積下來，讓這些切割工具變得更精良或更多樣化。

至於巧人的社會複雜性，可說與南方古猿或黑猩猩相似。他們的群體規模仍然很小。但在兩百萬年前，人口成長導致巧人群體更頻繁地遇見其他群體。這給大腦帶來壓力，必須處理更頻繁、更複雜的社會互動，包括結盟，以免每次群體相遇就會爆發暴力事件。此時所用的策略包括送禮和跨群體通婚，後者尤其有效，因為這促使兩個群體都有意延續共同的DNA譜系。演化人類學家估計，大約兩百萬年前，我們人類的非洲家譜開始演化出一夫一妻制（新世界猴子長期維持這種制度）。事實上，智人（Homo sapiens）除了嘗試過一夫多妻制和濫交之外，也嘗試過成功和失敗的一夫一妻制，證明這兩種演化機制是相互衝突的。

理毛是靈長類動物彼此建立關係和結盟的另一種方式：幫對方剔除毛髮中的蟲子和汙垢。我們在與舊世界猴子的最後共同先祖身上看到這種現象，而這可追溯到四千萬年前。但隨著群體人數的增加，我們無法替每個人理毛。一天的時間不夠用，所以我們開始「八卦」（gossip）或小聊。

巧人能夠發出的聲音樣態仍然非常有限，不足以形成語言。然而手勢可以進行某些溝通，此外他們還會使用如哼唱聲等悅耳的聲音，以及用咕噥聲和叫喊聲來表達不滿。社交帶來了演化優勢，對這些溝通能力施加了選擇壓力（selective pressure）[10]，促使它發展。

性選擇可能強化了這個現象。雌性可能會選擇那些能夠表達自我以吸引牠們，或說服群體追隨牠們的雄性。自從五百萬年前我們與黑猩猩的最後一個共同先祖出現以來，交配優先權就給了那些能夠結盟、並在群體中具有高地位的雄性。

為了應付日益增加的社會複雜性，加強溝通的壓力對大腦發育產生了深遠的影響，這體現在我們下一個主要的先祖物種身上。

直立人：外觀與智力都更接近人類

一百九十萬年前，演化出了匠人－直立人（Homo ergaster-erectus）。關於是否應該將匠人（ergaster）和直立人（Homo erectus）歸類為外表十分相似的單一物種，還存有爭議。匠人通常是指存在於非洲的該物種的最早版本，而直立人則是穿越舊大陸的物種。為了簡單起見，我將兩者都簡稱為直立人。但這並非當前分類學爭論所持的立場。

直立人的身高比巧人更高，他們已經精通雙足移動的技術。直立人肯定比巧人更能輕

10 編按：又稱演化壓力（evolutionary pressure），指的是環境對生物體施加的一種力量，這種力量會影響生物的生存和繁殖，從而驅動生物的演化。

鬆地長距離行走。事實上，直立人在耐力和奔跑速度方面，對現今人類都會構成挑戰。他們的臉部結構看起來更像人類，如果你在公車上看見穿著衣服的直立人而未發覺有異，也情有可原。他們的體毛明顯少於早期的靈長類動物，只剩下皮膚的黑色素保護他們免受非洲烈日射線的傷害。事實上，在大多數主要表型特徵上，直立人都極為近似人類。

有證據顯示，相較於更早期的人類先祖物種，直立人生活在更大的社會群體中，並且更頻繁地遇見其他群體。還有證據顯示他們已會控制用火，能烹食肉類。肉類的攝取對於大腦的進一步發展至關重要，因為一口肉所含的能量，比一大堆植物還多。直立人最顯著的特徵是他們的大腦明顯更大，約為巧人的兩倍、現代人類的百分之七十。

人口激增導致直立人走出非洲，跨越南亞和東亞。他們適應了沙漠、森林以及沿海和山地地區。適應能力如此之強的物種肯定有較高的智力。他們成為泛舊世界的第一個人類

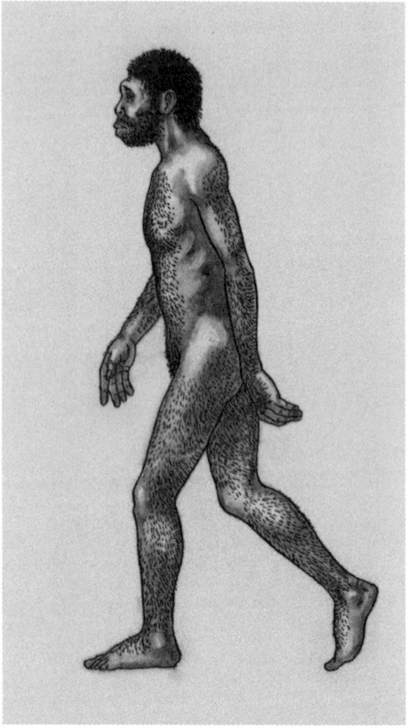

直立人

物種，並持續存在了數十萬年。

第一次集體學習？

一百九十萬年前演化而成的直立人，在往後第一個千年內，對工具技術的改進非常少。此後，在一百七十八萬年前，東非的直立人發明了一種新的淚滴狀斧頭。這可能只是一次性的事件。數千年來，直立人並沒有修補或改良這種工具，一如先前所有使用工具的靈長類動物。黑猩猩、南方古猿和巧人都很聰明，他們能夠發明新工具，並將這些技術傳給後代，但卻無法一代代地進行改良。

然而，在一百五十萬年前的東非，我們在直立人身上首度發現了革命性新能力的一絲證據。直立人開始改善他們的手斧的品質，將之改造成多用途的鎬、砍刀和其他類型的工具。

這對我們的故事來說非常重要。這是一代又一代人不停摸索、累積創新和改良技術的最早跡象，就是所謂的**集體學習**。

此事為何重要？如果一個人的發明能力受到限制，那麼一整個物種在數千年裡或多或少都會保持不變，直到生物演化改變他們。即便使用工具，他們複雜性的提升，仍然受限於緩慢的天擇過程。然而，如果像直立人這樣的物種可以透過修修補補來改進既有的技術——在沒有重大的基因改變或演化的情況下——並且能從其傳統棲地傳播到世界各地，那麼這就是新事物的跡象。這意味著這物種不再依賴生物演化或殘酷的達爾文世界，來提升他們的複雜性。

我們已經邁出了跨入「文化領域」的初步嘗試，在這個領域中，集體學習這一產生複雜性的過程，正以比生物演化更快的速度在迅速發展。就像在古老的蜿蜒道路上建造高速公路一樣。

而集體學習才剛開始發展。涓涓細流很快就會匯集成滔滔洪水。

第3部

文化階段

三十一萬五千年前迄今

第7章

人類覓食者：集體學習的力量

> 智人演化自一個歷史悠久的譜系／集體學習的力量比以往任何時候都更加強大／大約有兩百五十億人曾生活在覓食的社群中，占人類歷史百分之九十八的時間／遺傳瓶頸使我們的基因庫減少到不足一萬個個體／此後不久，人類遷徙到世界各地。

「累積」一詞比其他任何用語更能總結智人的不同之處。這種每一代所累積的訊息多於下一代所失去的訊息的能力，也稱為集體學習。人類之所以能達到今天的成就，並非因為我們都是超級天才。粗略檢視一下政客、名人或你的姻親，就足以證明這點。一個在野外獨自長大的人類，相對於其他動物並不占有任何明顯的優勢。還有，人類一生中只能發明這麼多東西——在他們不為了生存而忙碌時。而在歷史上的大多數時候，大多數人**都**在忙著生存。

然而隨著一代又一代的發明，人類成為生物圈中新奇且獨特的存在。就像一塊塊積木堆疊起來。緩慢但穩定地不斷累積發明，致使複雜性在幾千年內發生劇烈變化。在漫長的演化過程中，人類一眨眼的時間就從石器工具發展到摩天大樓。這正是集體學習的力量。

牛頓曾說，他在研究引力問題時是站在巨人的肩膀上（儘管可以說，那只是為了掩蓋抄襲行為的說詞）。事實上，這些「巨人」其實是由人類歷史上數以千百萬計的發明家所組成。這就是為什麼累積創新的能力使人類如此獨特。不光是我們原始的腦力或語言和抽象思考能力，我們在記憶過去的細節上也有著無與倫比的天賦。要記住我們的歷史。

從直立人到智人

一百五十萬年前，直立人首次展現集體學習的跡象。這是一個非常不起眼的開始。直立人花了數萬年的時間才對他們的石斧進行了適度的改良。話雖如此，集體學習早已出現在我們的演化歷程中。如果天擇認為集體學習有利於生存，那麼隨著每個新物種的出現，這種技能只會變得愈加強大。

前人（*Homo antecessor*）在一百二十萬年前演化並大舉遷入歐洲，他們需要創新來應付那裡寒冷且陌生的環境。他們的身高和體重與智人差不多，但大腦略小，語言形式也有限得多。

海德堡人（*Homo heidelbergensis*）大約七十萬年前在非洲演化，並逐漸散布到歐洲和西亞。他們的大腦更大，大約位於人類平均水平的低端。他們很可能像現代人類一樣，具備相當敏銳的感覺，能辨別語音中的聲音差異，並擁有相當複雜的溝通方式。

尼安德塔人出現在大約四十萬年前，他們的大腦尺寸可媲美現代人類，但抽象思考能力（思考和溝通實際上並不存在的事物）似乎有限。

前人、海德堡人和尼安德塔人都表現出明顯的集體學習跡象。他們率先有系統且有規律地使用爐火，發明了第一種刀刃工具、第一種木製矛，以及最早使用將石頭固定在木頭上的複合工具。海德堡人成為最早殖民整個歐亞大陸的人類。尼安德塔人甚至適應了氣候，創造出隔熱和保暖必不可少的衣服和其他文化上的創新。他們製作了複雜的工具，用準備好的石芯，製作出各式各樣的器具——尖銳物、刮刀、手斧、木柄，而且是

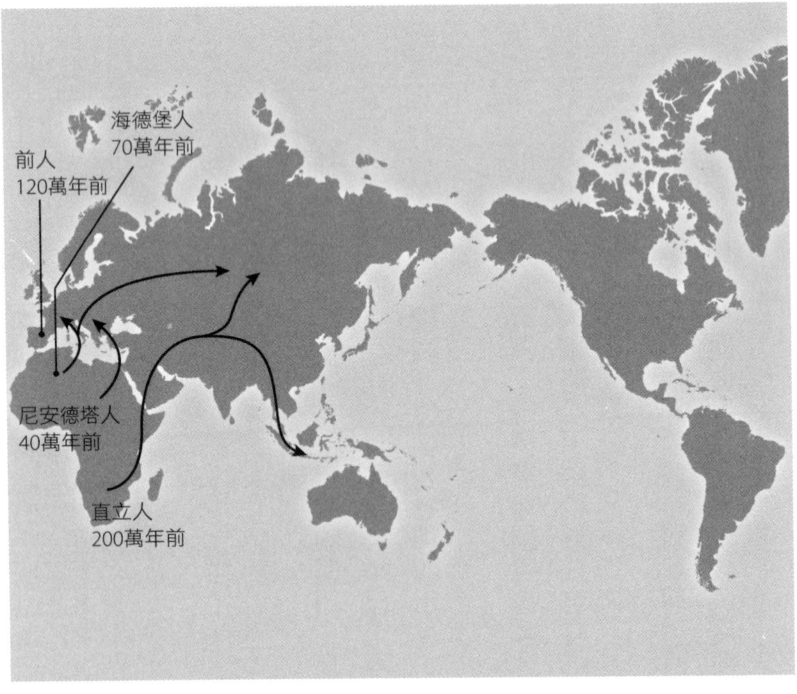

刻意使用高品質的石材，久而久之還進行了無數次變更和改良。舊世界的所有這些發明和擴張，都是集體學習在演化過程中日益重要的明顯標記。

接下來，在三十一萬五千年前，在解剖構造上與智人完全相同的人類首次出現在非洲。為何前人、海德堡人和尼安德塔人都滅絕了，但智人卻存活下來？原因很簡單，因為智人最擅長集體學習。舉例來說，一旦智人進入已經居住著尼安德塔人的地區，智人就會在資源競爭中勝出，很可能殺死許多尼安德塔人，特別是還與他們雜交（在非洲之外，我們現今的大部分DNA中都包含了尼安德塔人的基因）。

智人擁有最先進的集體學習能力、最多樣化的工具包，而且最能適應新環境。我們具備更大的腦容量、更強大的語言能力和抽象思考能力，這一點可以從我們獨自繪製洞穴藝術、使用人體彩繪、演奏音樂、佩戴裝飾性珠寶和展現象徵性思維等事實得到證明。所有這些特質都強化了我們的集體學習能力，讓我們建立起如何在舊石器時代地球的惡劣環境中覓食和生存的龐大知識庫。

集體學習有兩個主要驅使因素，這兩個因素愈強大，愈能提升集體學習：

1. **人口數**：人口中潛在的創新者數量。並非所有人都能在有生之年創造出技術、理論或哲學的進步。但是人數愈多，擲骰子的次數就愈多，從而增加其中某個人提出小小的創新或重大創新的可能性。

2. **連結性**：為了在過去的思想上累積成果，人類需要接觸這些思想。這意味著能獲取口頭或書面的知識庫，或者與擁有該知識的其他人進行交流，甚至與他們合作。然而，現今透過網路可以實現即時通信，而且用手機就可以取得與亞歷山大圖書館同等豐富的知識，我們很難想像連結性能對創新造成何種限制。但在人類歷史的大部分時間裡，阻礙創新的最大因素之一便是無法獲取更廣泛的人類知識庫。在人類存在的最初三十萬年裡，我們的社群僅限於數十個覓食者。

我們將見識到，人類歷史的大部分內容都是人口數量和連結性的強化，以及由此產生的加速發展。看看過去一萬年或甚至十萬年間，人類在生物特徵上發生的變化有多小。再想一想我們的生活方式在同樣的時間內發生了多麼巨大的變化。一切都在加速。

我們如何斷定智人的起始年代？首先是我們有一九六七至一九七四年間在東非發現的奧莫人（Omo）遺骸。放射性定年法測定這些解剖學上相同的智人遺骸，發現當中最古老的遺骸有十九萬五千至二十萬年的歷史。然後，在二〇一七年，摩洛哥發現了更多的智人遺骸，其歷史可追溯到大約三十一萬五千年前或更早。因此就目前而言，三十一萬五千年前是人類演化最有可能的起始年代。然而如果未來幾年有新的發現，這個數字可能會變得更大。

智人不太可能在三十一萬五千年前之後經歷快速的基因變化，從而明顯提高他們的智力或集體學習能力。六萬四千年前第二次大遷徙之前，非洲的人類就開始使用裝飾性的珠子，十萬年前他們開始開採新材料，十二萬年前他們開始捕魚，大約三十萬年前他們就開始使用人體彩繪。因此，我們會假設在解剖學上相同的智人始於三十一萬五千年前，往後的幾千年裡只發生了微小的基因變化（例如膚色、髮

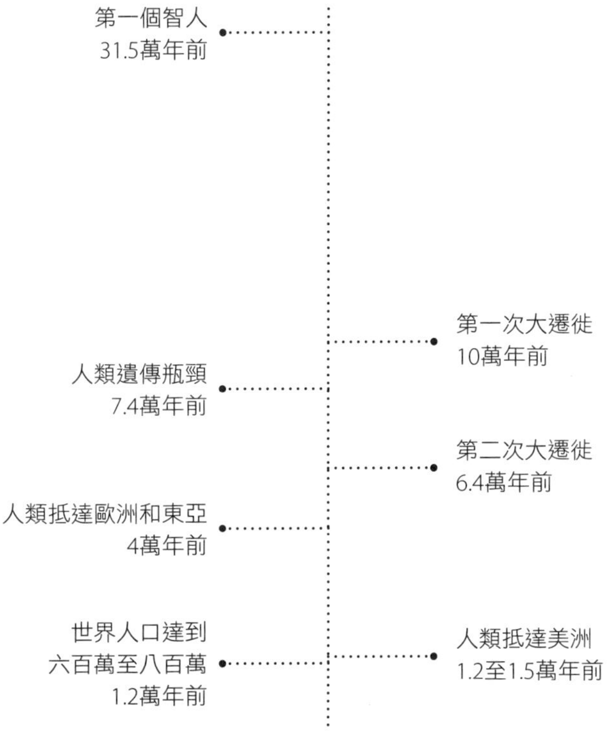

色、眼睛顏色，以及更後來的乳糖耐受性和不同的酒精耐受性）。但並沒有任何深刻的變化，需要將之歸類為不同的物種或亞種。

人類最適合的生活

我們現在正式進入人類歷史的領域。在人類歷史的大部分時間裡（估計占我們整個存在時間的百分之九十五到百分之九八．五），我們都生活在小群的覓食者之中，在全球各地狩獵和採集食物。這一部分故事中的歷史人物在解剖學上與現代人完全相同，具有和我們現今相同的各種情感和創造能力。因此，相較於早期的生物，我們更容易同理這一部分故事中的生物。這些人就是**我們**。倘若我們出生在那個時代，我們也會做同樣的事。但人類覓食者卻有截然不同的生活方式，那個世界正逢冰河時期，有各種可怕的巨型動物，從劍齒虎到身高三公尺的食肉袋鼠。過去確實是另一個國度，甚至是另一個星球。

以三十一萬五千年做為起點，自人類這個物種起源之後，大約有一千億人在地表上生活和死亡。其中，自兩百五十年前工業革命開始以來，已存在過一百六十億至兩百億人，截至本書撰寫之時，目前人口已將近八十億。根據估計，從一萬兩千年前開始出現農業到工業革命期間，還曾有過五百五十億人存在。也就是說，那是一千億人口中的七百一十億到七百五十億人。

這麼說來，約有兩百五十至兩百九十億人生活在一萬兩千至三十一萬五千年前——亦即覓食時代。在大部分時間裡，大多數人類生活在非洲，只不過在過去的六萬四千至十萬年裡，才有大量的人類生活在世界其他地區。我們知道，在任何時候地球都只能支撐大約六百萬至八百萬個覓食者的生活。在舊石器時代的絕大多數時間裡，我們的人數遠遠少於五十萬人。

就生物學角度和本能而言，人類最適合過著覓食的生活。這是我們演化設定的本質。自農業發明以來的一萬兩千年間發生的所有巨大改變，並未留給我們足夠的時間去演化和趕上變化。

簡言之，我們是穿著時髦鞋子的穴居人。

冰河時期

過去的兩百五十萬年見證了無數波酷寒和炎熱，其間漫長的冰期（冰河時期）與所謂的間冰期（例如我們現在所處的時期）交替出現。自從三十一萬五千年前智人在非洲演化以來，已經歷經了兩到三個冰河時期。冰河時期時，北美洲、歐洲和亞洲的大部分地區都被冰層覆蓋，全球平均氣溫下降，非洲和世界其他地區原本草木繁茂的氣候變得乾旱，而且海平面下降。

倒數第二個冰河時期開始於十九萬五千年前，當時智人在非洲好端端地活著。情況維持了六萬年，直到十三萬五千年前間冰期開始為止。這次間冰期僅持續了兩萬年，直到大約十一萬五千年前（間冰期一般而言比冰期短）。「末次冰期」開始於十一萬五千年前，是特別漫長的一段冰期，持續了十萬多年。正是在這樣的世界，人類走出非洲，走向世界各地。

在上一個冰河時期的高峰期，地球上約有百分之三十的陸地表面被冰覆蓋。在冰蓋未擴及的地方，較低的氣溫使森林變成林地甚至荒漠。冬季比現在持續的時間更長。儘管在十一萬五千年前，大多數人類都生活在非洲，但那

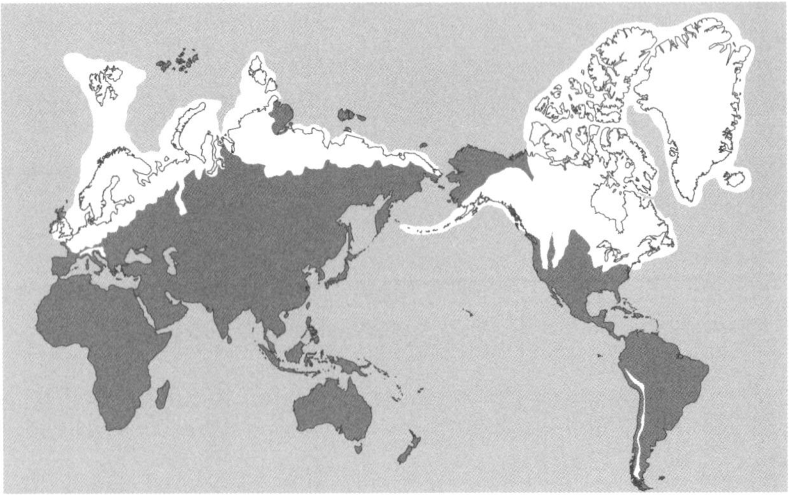

末次盛冰期的世界

時的氣候比當今的非洲要冷得多。

第一次大遷徙

數千年來，智人尋找食物的方法始終如一：在某個地區漫遊，進行狩獵和採集，直到該地區的動植物被消耗殆盡，然後轉移到另一個地區，而原先的地區會自然地自行重新補充。按此方式，整個地球表面只能供養六百萬至八百萬個採集者。

隨著非洲人口的成長，他們需要尋找更多的食物來養活自己。解決這個問題的辦法不是增加非洲的糧食產量，而是「擴展」——藉由遷移到愈來愈遠的地方。

這可能促使十萬年前的人類展開第一次大遷徙，走出非洲，進入中東，若干跡象顯示他們甚至抵達了遠至印度的地方。這些地區仍處於冰蓋未觸及的範圍。儘管發生了這種遷徙，但絕大多數人類繼續留在非洲。

我們的DNA歷史顯示，人類遺傳的多樣性在第二次大遷徙前銳減。其中一個可能的解釋是，七萬四千年前多巴山（Mount Toba）於該時期發生的超級火山爆發。現在的印尼蘇門答臘島中部有一座火山。這座火山曾經的所在地，如今是一個湖泊。或者更確切地說，是一個火山口。

多巴山爆炸的威力相當於一百五十萬顆落在廣島的原子彈當量，或者相當於現今世界上所有國家核武庫的威力，至少再乘以三。這次火山爆發將史無前例的大量岩石拋進大氣中，使碎石和岩漿散布到整個大陸。平均厚達十五公分的一層火山灰，覆蓋了南亞和東亞的所有地區，也覆蓋印度、阿拉伯以及遠至東非的地區。更多的火山灰被拋進大氣中，使天空變暗，遮蔽住陽光，而當時已經進入了冰河時期。接下來的十年對全球來說可能是無止盡的冬天，很可能將人口減少到一萬人，甚至只有三千人。

過去的十年中，多巴假說一直受到某些科學家的質疑。我還在等待另一種解釋，來說明我們ＤＮＡ中明顯存在的瓶頸。敬請期待第二版！

無論如何，遺傳瓶頸告訴我們一些有關種族的極重要資訊。簡單地說，現今的人類是由幾萬年前的**頂多**一萬人演化而來的。這段時間不足以使不同種族之間的基因產生重大的差異。事實上，相較於其他靈長類動物，現代人類的遺傳多樣性極低。相距幾百英里的兩群黑猩猩之間的遺傳多樣性，還大於人類這整個種族。我們不全然是近親繁殖出來的物種，但我們之間的血緣關係十分密切。

第二次大遷徙

到了六萬四千年前，我們第二次走出非洲。短短幾千年間，人類從非洲經由中東散布到印度和印度支那。大約六萬年前，人類已經明白如何利用當時存在於印尼的陸橋（由於冰河時期海平面較低），步行和乘木筏進到澳洲。

石器時代的航海活動絕非易事。人類進入澳洲就相當於登陸月球。在接下來的兩萬年裡，人類逐漸遍布澳洲，並在四萬年前經由另一座陸橋進入塔斯馬尼亞島。

同樣在大約四萬年前，人類向北遷移到氣候較寒冷的地區，穿越高加索山脈進入俄羅斯，迅速從東邊進入歐洲。最令人欽佩的是，人類繼續向愈來愈冷的氣候區遷移，並在至少兩萬年前進入

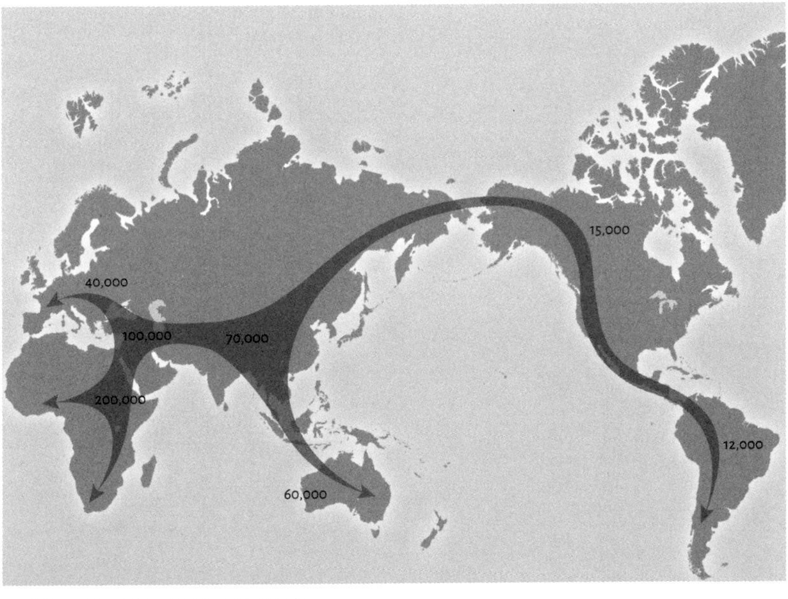

10萬至1萬2千年前的人類遷徙

了冰河時期的西伯利亞。請你想一想在這樣的環境中所需具備的生存技能。

關於人類進入美洲，我們需要一個更追根究底的論述。我們不十分清楚人們是如何到達那裡。人類似乎在兩萬到一萬五千年前穿越了西伯利亞與阿拉斯加之間的白令海峽（當時的另一座陸橋），也許是在追蹤他們所狩獵的動物群。但在冰河時期，巨大的冰蓋阻止了人類前往阿拉斯加以外的地區。然後，在一萬五千至一萬兩千年前，隨著冰蓋消退，可能打開了一條通道，讓這些覓食者通過，向南穿越美洲。另一個假設是，人類可能藉由緩慢地沿著太平洋海岸，乘木筏繞過冰蓋。或者可能是兩者的混合。無論如何，智人成為人屬中第一個、也是唯一一個棲息在美洲的物種。

過時的本能

人類極為適應覓食維生的生活，他們已經以這種狀態存在了三十一萬五千年，是從之前同樣的類人猿覓食者演化而來的。但我們必須應付可能帶來破壞而立即終結我們的遺傳譜系的情況。我們的本能也相應地進行演化。

從許多方面來看，人類的本能正是為了在小型覓食群體中生存而設計的。以社交焦慮為例，在現代社會中，在向一群陌生人發表演說之前感到焦慮，或者在第一次約會之前覺得緊張，這其實沒有任何道理。你所在的城市住著好幾百萬人。你大可在數百名觀眾或潛在的伴侶面前出醜，但第二天仍然可以對著不同的一群人再試一次。

但舊石器時代覓集者所面對的情況並非如此。一個人類群體可能只有幾十個人，而你會和他們一起度過你的一生。如果你在一大群人面前出醜，就可能遭到整個社會排斥，這會減少你獲得食物和伴侶的機會，或者，如果他們實在討厭你，你可能會被徹底逐出這個群體。如果你在潛在的伴侶面前出醜，他們可能會告訴其他所有人，而你的ＤＮＡ會被粗魯地永遠從基因庫中剔除。事實上，在小規模、關係緊密的社會階級制度中的這種危險，至少可以追溯到五百萬年前我們與黑猩猩的最後共同先祖。

在如此的脈絡下，就演化的角度而言，人類在社交場合中會焦躁不安的本能是合理的。我們許多本能都是以類似的方式演化出來的，其中有很多都已不適用於現代生活。

覓食者的生活與社會

覓食意味著狩獵和採集食物。整體而言，由於性別二型性（兩性在平均體型和力量上的差異），男性人類負責狩獵，而女性人類負責採集。然而透過對過去兩個世紀現代覓食群體的研究，我們知道這兩個群體之間會有重疊之處。有些女性擁有成為獵人的運動天賦和專門知識，有些男性擁有採集所需的植物知識，以及（或）因為太老或太虛弱而無法狩獵。此外，某個個人可能傾向於從事某項活動，就像現今不同的人喜歡不同的工作一樣。但例外不代表平均數，一般來說，婦女採集，而男子狩獵。這種普遍的模式至少可以追溯到兩百萬年前。

平均而言，覓食群體百分之六十的食物來自採集。這是因為狩獵要嘛吃撐要嘛挨餓的本質：你可能接連好幾天都吃不到肉，然後一下子飽餐幾具動物屍體。某些社會理論家將這個比例解讀為，這表示女性在覓食群體中擁有平等的「硬實力」，甚至是政治權力和角色上的完全平等。但這與現代的覓食者研究相矛盾。這種解讀也忽略了性別二型性以及男性對女性、以及對彼此都更加凶暴的事實。簡單地說，如果有人能用石頭砸破你的頭，那麼奉上一把堅果和漿果是無濟於事的。人類的權力等級並非僅僅基於生產力（倘若如此，中世紀的農民階級已經統治世界了），而是基於強制、傳統和群體忠誠。

但覓食社會同樣不適用簡單的二分法。低地位的雌性比低地位的雄性更有價值。如果雌性攻擊雄性，後果可能不嚴重，但如果一名雄性只是侮辱一名雌性，他可能會被覓食群體中的其他雄性殺死。唯一的例外是群體中的雄性領導者，他們通常更能憑藉自己的地位而不受懲罰。權力和地位比性別更重要。

總的來說，許多覓食者都維持一夫一妻制的關係（尤其在儀式化的婚姻中），但少數高地位的男性可能因為他們的社會地位而實行一夫多妻制（擁有多名妻子），並且通常有宗教上的正當理由。除此之外，在覓食群體中，性和情愛關係也跟現今一樣動盪和非理性。從情感面來說，這些人類與現代人沒什麼兩樣，因此也可能經歷相同程度的情緒，從強烈的迷戀到痛苦的分手、嫉妒和不忠，所有這些都可能導致人際之間的暴力。

覓食世界中的暴力比此後任何時期都更常見。對舊石器時代骨骼的研究顯示，刻意施暴是導致死亡的原因，研究指出其「謀殺率」約為百分之十。這些屍體大多是男性。這種謀殺率遠高於任何現代化國家或過去五千年來的任何社會。

典型的覓食部落平均每兩百年就會滅絕一次，若非因為種族滅絕，就是因為一個人類文化群體被另一個人類文化群體征服或吸收。無數年來並沒有單一的人類文化占據著某片土地。相反地，在人類歷史的大部分時間裡，生物滅絕或至少文化滅絕是常態而非例外。一旦受傷或生病，往往等同判了死刑。當覓食者進入食物稀缺的地區時，他們會面臨挨餓的風險。骨折、傷口感染、蛀牙等簡單的事情都能要了你的命。嬰兒死亡率很高，百分之五十的兒童會在五歲之前死亡。此外，覓食者必須不斷遷移才能為大家找到足夠的食物，這意味著殺嬰率相當高：大約百分之二十五。

往好的方面看，採集食物只占用掉覓食者一天之中的部分時間。採集者每天的平均工作時數為六個半小時，而農業人口的平均工作時數為九個半小時，現代辦公室職員的標準工作時數為八小時。剩餘的時間用於各種社交儀式，包括在營火旁飲宴、跳舞以及極為重要的交配政治。

由於食物有各種不同來源，人類的飲食多樣化（在好日子裡），確實讓覓食者相當健康。這種游牧生活也意味著許多病毒和傳染病幾乎沒有機會傳播，這意味著覓食者比往後的農業時期人類健康得多。總而言之，我們可以合理地得出以下結論：人類在覓食時代的生活，比現代已開發國家出現之前的任何時候都要好。

等到一萬兩千年前人類遍布全球時，我們的人口已經繁衍到六百萬至八百萬。儘管人類已經證明自己是一個極具適應力且強大的物種，而且其思維和工具包的複雜程度，也是人屬中前所未有，但一場大革命即將發生。它不僅會將人類推向古代和現代歷史的進程，還會在短短一萬兩千年內引發大加速——在我們迄今為止的時間尺度上，這只是一眨眼的功夫——而且這種加速並沒有在現代停止下來，反倒愈加快速。我們應該牢記的是，我們正站在進一步革命的邊緣，這場革命可能會帶來如有神助和改變宇宙的後果。一切都從這裡開始——幾百萬個比較聰明的靈長類動物將石頭鑿成工具。

第8章

農業的黎明

> 人類藉由農作物的光合作用，從太陽獲取更多能量流／較小土地面積上的農作物養活了更多的人／更多潛在的創新者近距離生活在一起，加速了集體學習／複雜性的進展趨向無比瘋狂。

經過數萬年的遷徙後，人類已遍布到地球上的每個主要世界地區。上一個冰河時期結束後，世界的覓食人口達到頂峰，來到約六百萬至八百萬人。非洲－歐亞大陸是人口最多的區域，估計有五百萬人，其次是美洲，估計有兩百萬人，然後是澳洲，有五十萬至一百萬人。直到四千至八百年前，人類才定居在太平洋島嶼的大部分地區。

由於一萬兩千年前最後一個冰河時期的結束，中東肥沃月彎（Fertile Crescent）經歷了一次綠化，食物變得豐富，所以一代代的覓食者不需要為了尋找食物而遷徙。歷史學家和考古學家稱這些土地為「伊甸園」。覓食者轉成半定居生活，採集周遭的植物和獵捕動物，同時減少了一個世代的遷徙距離。

後來，隨著人口激增與食物愈來愈稀缺，這些覓食者被迫陷入考古學家所說的**定居陷阱**（trap of sedentism）[11]，並被迫去馴化植物和動物以免於挨餓。這是農業的開始，藉由刻意培育食物資源來支撐更多的人口和更高的人口密度。務農維生的做法傳播到埃及（或在那裡獨立發展出來），接著穿越中東，逐漸傳入歐洲。

在大約九千五百至一萬年前的中國，北部的黃河流域和南部的長江流域也出現了類似的「伊甸園」。最終的結果也相似，東亞居民開始培育植物和動物以養活更多人口。農業同樣傳播到印度支那和日本。隨著此時農業在中東和東亞的發展，這些做法逐漸在南亞（尤其是印度河流域）融合交匯。

撒哈拉沙漠和世界各大洋的阻隔，使務農之事無法傳播到地球的某些地區。在大約五千年前的西非，尼日河（Niger）和貝努埃河（Benue）流域也分別出現類似的「定居陷阱」，此後擴展到整個西非。這裡至今仍是全非洲人口密度最高的地區。幾千年後，農業被帶到非洲南端，結果好壞參半，許多非洲人還堅持過著傳統的游牧生活，直到現代。

同時，定居陷阱也出現在五千年前的中美洲，並逐漸向南擴展到祕魯，向北擴展到美國西南部的培布羅（Pueblo）社會。最有趣的是，五千年前的新幾內亞也獨立發明了農業，但當時的人口仍然相當少。在澳洲，覓食仍是主要的生活方式，但有一個明顯的例外，也就是火耕（燒掉大片森林以清出路徑、殺死野生動物並促進生育力和再生的做法），這種耕

11 編按：指的是當早期人類開始定居下來耕作或農業化後，開始依賴周圍環境來獲取食物與資源，導致即使生活條件惡化，也難以再回到過去自由移動的狩獵採集生活方式。

作方式的生產力很高，此外，澳洲南部也有水產養殖養活了數千名定居人口的實例。

僅僅播下一顆種子，便帶來驚人的複雜性

從幾個不同的指標來看，農業的開始，標示出我們故事的複雜性邁入一個新階段。首先，人類為了維持其自身複雜性而汲取的能量流多了兩倍多，從控制用火的覓食社群的大約四萬爾格／克／秒，增加到一般前現代農業社群的平均十萬爾格／克／秒。請記住，太陽本身的能量流僅為二爾格／克／秒，單細胞生命的能量流為

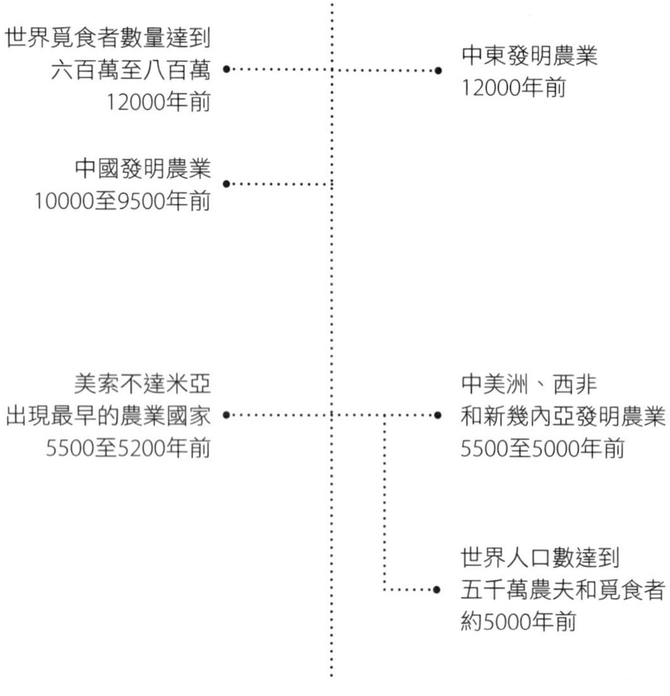

九百爾格／克／秒，而根據所從事的活動，大部分多細胞生命的能量流可達五千至兩萬爾格／克／秒。在結構上，農業社會不僅僅是單一生物體的細胞網絡，而是由許多不同生物（人類、植物和動物）所構成的脆弱網絡。而且社會網是整個宇宙中結構最複雜、能量流動最密集的網絡之一。如果我們的歷史停留在一萬年前的新石器時代，這仍然會是宇宙歷史上一個極具意義的里程碑。

簡而言之，在宇宙大爆炸後不久，我們太陽系中的一塊小石頭裡出現了一個能量分布不均勻的小點，其能量強度逐漸升高、愈來愈緻密，比周遭浩瀚宇宙中的任何事物都更加複雜。

覓食者和農夫汲取的絕大部分能量流都

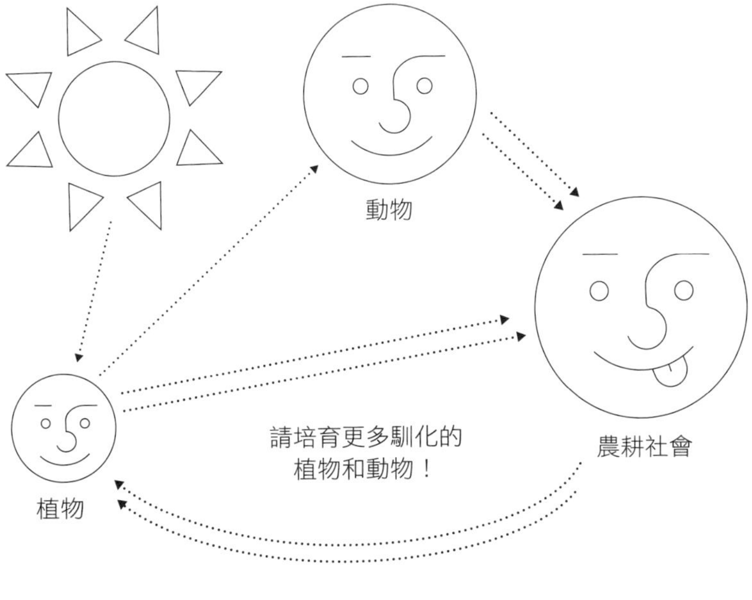

來自太陽，地球上的大多數生物也是如此。覓食者在某個地區內到處漫遊和採摘植物（植物從光合作用中獲取能量）、殺死動物（動物也會吃這些植物），並藉由燃燒木柴（來自也從太陽汲取能量的樹木）來烹飪植物和動物。

但農夫不會只依賴在未開墾荒野中自然生長的植物。其中某些植物並不適合人類食用，卻占據了寶貴的空間。因此，農夫清除森林、滋養土壤、灌溉田地，種下一排排高能量的食用植物，用這些植物來餵養自己和成群的家畜，並利用這些動物獲取羊毛、奶和肉，而不是在狩獵中捕獲幾隻野生動物。人類開始選擇性地培育植物和動物，以提高能源效能：飼養較肥的動物以獲取肉類，或種植產量較高的穀類植物。

這標誌了自然界中的轉變：物種不再去適應環境，而是讓環境適應它們。最終，這種新的生活方式養活了更多人。農業大大增加了土地可養活的人口數量——相較於覓食時代，每平方公里增加了百分之一千至百分之一萬。突然間，整個地表的承載力不再是八百萬個覓食者，而是八千萬個——最終是八億個——農民。

能量流的增加以及最終人口增長的影響，對集體學習產生了正面的回饋循環。有了農業，就有更多的人口（潛在的創新者），他們增加了每一世代中有人提出創新的可能性。其中某些創新進一步提升了人口承載力，無論是透過新的耕作方式、新的作物、新工具或新技術。結果，人口增加了，從而帶來更多創新，不斷加速這個進程。

相較於覓食社會，農業社會不僅創新的速度更快，農業區也迅速成為地球上人口最多的地方。人類不再過著為數幾十人的游牧群體生活，而是開始依靠農場維生，聚居在為數幾百人的村莊裡。覓食者發現他們很難跟上農業社會的技術進步，很快也發現自己的人數比較少，因為他們曾經自由狩獵和採集的土地，逐漸被定居者的農場蠶食併吞。這迫使他們當中的許多人不得不遷移到更遠的地方，或自己也開始務農。結果，覓食者要嘛挨餓、要嘛就是對農業社群發動劫掠和暴力行為（存在著遭到報復的危險）。接下來的一萬兩千年裡，無論農業社會在何處出現，這種悲劇都會在與覓食者交界的邊境地區上演。

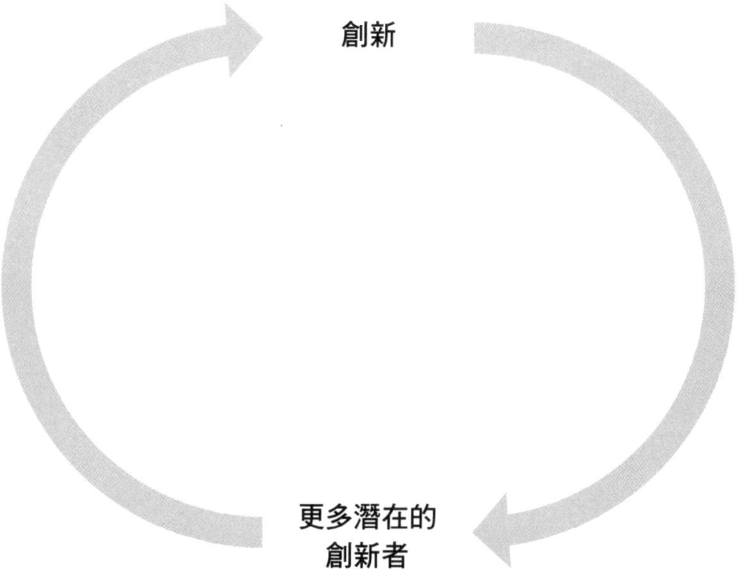

早期農業時代：酒精、疾病和排泄物

大約一萬兩千至五千年前，農業社會（如果存在的話）僅由農場和村莊構成。沒有城市、國家、軍隊、文字、王朝，也沒有任何傳統歷史的標記。農場和村莊的世界盛行了七千年。在如此漫長的時間裡，愈來愈多人嘗試耕種，隨之而來的是各種疾病。在國家出現之前的這個時代，被稱作早期農業時代（Early Agrarian Era）。

相較於舊石器時代或農業國家時代，早期農業時代的生活水準普遍較低（不過後者肯定因情況而異）。在整個早期農業時代，農夫們全都使用石器時代的工具。儘管這些工具很有創意，也證明了集體學習的力量，但它們的效能並不高。早期的農夫也沒有很好的肥料和灌溉技術。

因此，早期農業時代的承載力普遍較低。這意味著在首批農夫享受過最初的豐收之後，會出現無數個人口過剩、營養不良、挨餓和飢荒的時期。在這段期間，動物的力量尚未被充分利用，所以大部分的種植和耕作都是由人類使用前述的原始石製工具來完成。成人和童工（相較於覓食，有更多孩子的另一個優勢）負責用石斧砍伐森林，用石鋤翻土，用手持的石製或骨製鐮刀收割農作物。

當時人們也尚未充分明白用動物糞便施肥的效益，這意味著土壤將迅速失去養分，導致農田在幾年內就無法使用。早期的農業高度依賴天然水源（河流），由於沒有技術、亦無人力來實行複雜的灌溉技巧，以獲得更廣闊的適合種植農作物的土地，這代表可有效耕種的土地面積有限。

即便沒有飢荒，早期農業時代的條件也比舊石器時代更惡劣。覓食者的飲食相當多樣化，很多跡象顯示，正常情況下他們會定期清潔自己，而且因生活在沒有家畜的小社群並不斷遷徙，所以很少有傳染病。另一方面，早期農業時代的人類過著定居生活，一輩子都住在相同的幾平方公里區域內。這意味著食物殘渣（腐爛的蔬菜、腐屍和死亡動物的內臟）以及未妥善處理的消化產物（人類和動物的排泄物）堆置在周遭，通常靠近住所，造成可能致病的不衛生環境。斑疹傷寒和霍亂因此成為嚴重的問題，相當致命和具有傳染性。斑疹傷寒是由一種致命的細菌所引起，這種細菌會透過共食接觸而人傳人，也會透過水源傳播。感染者具高度傳染性，會出現疲勞、腫脹、疼痛、發燒、譫妄、幻覺、心臟病、潰瘍和腸出血等症狀。霍亂是由一種感染下腸道的細菌所引起，會引發嚴重的腹瀉和嘔吐，導致患者脫水、皮膚皺縮，眼窩凹陷、皮膚變藍，最終一命嗚呼。其他病毒和痘病毒在與人和動物都密切接觸的更大人口聚集地迅速傳播。這些病毒透過咳嗽和打噴嚏散播，從而感染到的痘病毒會毀壞皮膚，引起腦部腫脹、癲癇、發燒和死亡。

人們經常在自己所使用的水源中洗澡和排便，他們的鄰居和許多家畜也會這麼做，因此洗澡無濟於事。洗澡不必然讓人變乾淨，反而可能會生病，所以在某些地區並不崇尚個人衛生，經常洗澡實際上被認為是不健康的（在其他地區，某些群體仍有定期洗澡的習俗）。不洗澡使健康問題更加惡化。何況數千年以來，未曾有過可靠的肥皂或抗菌劑。人們已經習慣了體臭以及（因飲食和口腔不衛生所造成的）口臭和蛀牙。

基於這些原因與飲用水汙染的問題，飲用水相當不健康。這情況所帶來的幸福結果（或不幸結果，取決於你的觀點）就是酒精的發明。透過發酵，稀釋過的蜂蜜酒、啤酒和葡萄酒喝起來比純水更安全。這並不是說往後幾千年的歷史中，人們都醉得頭暈腦脹（儘管這也可以用來幽默地解釋某些決策）：大多數飲料的酒精濃度，並不像十九和二十世紀開始被蒸餾、商業化和作為娛樂用藥物銷售的酒精飲料那樣強。前現代啤酒的平均酒精含量約為百分之二。但百分之十至二十五人口的酗酒問題，實際上出現在比人類開始農耕還要久遠之前。事情要追溯到六千六百萬年前，那時，類似鼩鼱的人類先祖會吃腐爛的水果和野生穀物，因此食用了極少量的發酵酒精，使牠們小小的大腦中獲得了少量的多巴胺獎勵。演化出來的歡愉反應是為了鼓勵這種行為，促使我們的先祖去吃腐爛的東西以避免飢餓，並增加我們的生存機會。我們一旦開始大量製造酒精，基本上都會飲酒過量，使神經過度反應。

早期的農夫也和家畜近距離地生活在一起，有時甚至窩在同一個住所，而病毒和細菌在人畜之間的傳播滋生出禽流感和豬流感，這些病毒和細菌可以迅速橫掃並摧毀人類。食物和廢棄物也會引發瘟疫。老鼠、跳蚤和蟑螂變得隨處可見。這些與髒汙為伍的常客好心地和人類分享一系列新疾病，包括各種形式的感染、痢疾和可怕的瘟疫。

這聽起來迷人嗎？在讀著我們的故事時，如果你認為「複雜性」和「進步」是同義詞，那麼就讓早期農業時代來打消你這個想法吧。

問題讓村莊來解決……

姑且不論飢荒、瘟疫還有那些讓你拉肚子拉到死的疾病，這些早期農業社會每平方公里所能養活的人口數，比其源頭的覓食文化多得多。這加速了集體學習，複雜性也隨之提升。

在覓食時代，家庭是社會的重心。親屬關係是維持統治的主要方式，而群體間的結盟則透過儀式化的通婚來維持。農業的興起將這種社會複雜性提升到另一個層級。農場依舊由家庭組成，每個成員都盡其日常職責以維持生計，農場附近的家庭之間也會通婚。但農業社會的社交生活集中在村莊，村莊裡住著幾百人，他們聚集在一起交換物品（農產品、工具和訊息），並參與管理會影響到更大社群的事務（農作物產量、天氣引發的問題、可能遭遇的襲擊威脅，以及解決家庭間的紛爭）。如果大的社群遭遇飢荒，村莊也可當作儲存糧食的地方。在早期農業時代，宗教似乎已有所發展，村莊為死者舉行愈來愈講究的葬禮。

這些墓葬中出土了各種珠寶和裝飾品，它們很可能象徵著地位與日益複雜的階級制度。

說到暴力，大多數暴力無疑仍然是人際間的暴力，如同在覓食時代。但隨著定居生活和土地所有權的引進，農作物產量和牲畜所有權引發了財產衝突，這可能表現為鄰居之間的偷竊行為或土地糾紛，會由更大的社群進行仲裁。

此外還有一個新問題，也就是掠奪者：鄰近的文化群落（其他定居的農民或非定居的覓食者）橫行於農業區，奪走農作物、牲畜和工具，甚至綁架婦女和兒童。最早的農業聚落如美索不達米亞的阿布胡列亞村（Abu Hureya），在一萬年前（西元前八〇〇〇年）有農民在此定居，看起來沒有太多防禦設施。但隨著農業時代的展開，農業社群開始在當地村莊的周圍築牆，建造壕溝和瞭望塔。最令人印象深刻的例子之一是自七千年前延續至五千年前（西元前五〇〇〇年至三〇〇〇年）的中國半坡村

中國西安半坡新石器時代村莊的考古發掘

（Banpo），村裡所有的住宅都聚集在用壕溝圍起來的牆後。

肥沃月彎的耶利哥（Jericho）聚落是更古老的例子，它在一萬一千五百年前就成為農業村莊。最初的聚落沒有任何結構性防禦設施，只是在淡水的湧泉上搭建了成群的房屋，水源藉由原始的灌溉溝渠，引灌到四周十平方公里的農田。然而，在一萬年前，村莊周圍已築起一道牆。

這兩種情況的目的似乎都很明確。在一個農民互相進行交易的村莊裡，部分穀物可能被儲存起來，因此這些不時累積囤放的資源，需要防禦設施以防止大批襲擊者到來，並「重新分配」社群的財富。然而請注意，村莊中的這些防禦工事並不必然代表有大規模的戰爭——這件事超出早期農業社會的資源所能負擔。這些進犯的隊伍只是機會主義者，他們會與村莊邊界由當地農民組成的防守民兵發生小規模戰鬥。

權力與階級制度

為了組織這層額外的社會結構，應付由更緊密的農業社群而生的諸多法律和防禦需求，我們從中看到**根深蒂固的階級制度**的縮影，它是建立在個人統治之上的階級制度：換言之，那可能是我們從未遇過的統治階層。請記住，在早期農業時代，絕大多數人都從事自給性農業以維持生計。只有極少數人占據了權威的位置，負責仲裁糾紛，安排管理無法由個人或家庭獨力完成的基礎設施計畫。

在農業社群裡，此類權威職位的任命透過一、兩種方式（或兩種方式同時）進行。第一種，也可能是最早的那種，是「由下而上的權力」（bottom-up power）。當我們在探討權力時，我們談論的是單一個人、或由一群人組成的委員會擁有發布命令的權力，並合理地預期這些命令會被確實執行。如果要將這句話翻譯成更通用的術語，那麼它就是一股以食物或人力為形式的能量流，朝某個掌權的個人所制定的特定目標流動的方向。

在「由下而上」的情境下，農業社群會任命一位有經驗或明智的個人，通常是某位長老（其拉丁語為 *maiores*，衍生出「市長」一詞）或長老會，負責仲裁糾紛並為社群做決策。這些決策將影響整個社群（能量流系統）。為了讓長老們有時間做決策和承擔這些職責，他們會獲得不是自己親自種植的食物，如此便可花費較少的時間維持生計。起初，這些職位是按才能任命的，社群會服從決策，除了對不願合作的個人或少數派進行人際和社交威嚇之外，無需太多強制措施。

就此意義而言，早期農業社會的階級制度與覓食社會、甚至大多數靈長類動物的階級制度，並無太大區別。所有靈長類動物都具有某種形式的統治等級。不同之處在於，一旦農業人口擴增到數以百計或千計，一個長老或一群長老單憑成為最強者，或維持最強大的人際聯盟，也難以保住統治地位。在農業社群中，統治者只能和數量有限的人建立起個人關係，相反地，權力結構則可能透過投票、繼承或宗教儀式等正式程序來授予權力。為了讓大家遵從這樣的權威命令，長老可能很快就需要一群自願或支薪的執法者。

這帶我們來到建立權力的第二種方式，亦即「由上而下」（top-down）。這種情況不需要社群的同意，因為個人或委員會的權威有暴力威脅作為後盾。等到農業聚落開始建造防禦工事時，就會出現一個民兵組織，或一群能大規模施展暴力的男性。這些團體不僅用於對付外來者，還會被用來對付那些不遵從命令、或在社群糾紛中不服仲裁的成員。這些執法者需要額外的能量流當作他們努力的報酬，如此一來他們就不必將所有時間都花費在耕作上。為了維持這個能量流的循環，長老總是能利用執法者來向眾人收取更多的進貢品。這一切都在合法與全村同意的幌子下，逐步發生。

也請你記住，早期農業社會並沒有長期的意識形態薰陶，好讓我們走向民主。舉例來說，權力繼承對他們而言可能是更自然的做法。從由下而上、民主的（或至少是精英領導的）統治者任命方式，轉變到世襲、根深蒂固的貴族階級制度，實際上可能很快發生。

這與我們靈長類動物的昔日本能並沒有什麼不同，黑猩猩維持著繼承而來的結盟關係，高地位成員的後代繼承了父母曾享有的結盟和保護。因此，儘管領導傳統（民主、精英領導和世襲）發展的具體時間因地區和文化而異，「由下而上」和「由上而下」兩種方式之間相隔的時間也可能並不平均。

邁向「傳統的」歷史

儘管這些權力算計有種令人不快的熟悉感，但我們必須記住，這個時代的大多數人類都生活在關係緊密的小型農業社群中，有著適應良好的價值觀。包括親密的家人和友善的鄰居。正如小型覓食社群對於生活在其中的許多人來說，整體而言是穩定和宜居的。正如人們在現今政治大環境下歷經風暴和恥辱，但你所處的社群仍

美索不達米亞的
第一個國家
5500年前，
西元前3500年

文字的發明
5500至4500年前，
西元前3500年至2500年

印度河流域文明的起源
4600年前，
西元前2600年，
（900年後消失）

美索不達米亞的
第一個大帝國
4300年前，西元前2300年

中國最早的國家
4100年前，西元前2100年

絲路的開始
2050年前，西元前50年

中美洲和撒哈拉以南
非洲的第一批國家
2000到3000年前，
西元前1000年至西元元年

世界人口達到2.5億
2000年前，西元元年

具備了創造健康、幸福生活的要素。事實上，不管在任何時期，你的生活都是由你自己所創造的。

此時，人類生命各時期的共通之處已經顯現，因為在超過三十一萬五千年的時間裡，我們在功能上一直是同一個人類物種。過去五千年的「傳統」歷史時期最引人注目的層面在於，這期間變化的速度是多麼快和「非傳統」，還有自那時起，複雜性的提升是多麼顯著。

第9章

農業國家

首批農業國家興起／世界人口急劇增長／興衰的循環破壞人類歷史／國家之間的貿易促進了集體學習／印刷術的發展使知識共享超速運作，在更大範圍的人口中傳播。

我們現在要開始講述傳統的歷史。這已經是第九章了。更驚人的是，我們要在一章之中說完大部分的傳統歷史（前六千年）。只要遵循複雜性和集體學習的廣泛整體模式，這是可行的。這些模式就像是某種「萬能腐蝕劑」（universal acid）[12]，能解構組成人類全部事務的大量姓名、日期和事件，正如達爾文演化論幫助我們理解了化石紀錄中數十億物種的殘酷屠殺。

農業國家依舊利用前所未有的太陽能來種植農作物和飼養牲畜，百分之八十到九十的人口仍是農民。但集體學習逐漸增進農業效率，促成農業在地球上的傳播與新事物的出現：城市、官僚體系、軍隊、工匠、書吏和不務農的統治者。結構的複雜性提升了一個層次。集體學習促使世界人口增加，但沒有跟上農業人口出生率的步伐，導致反覆出現的人口危機，引發了日益嚴重的內部暴力，甚至導致帝國的垮台。這些影響政治事件的人口週期稱作「俗世週期」（secular cycles）[13]。這些趨勢形成了更深層的潮汐，推動著傳統歷史浪潮上的大部分「旋轉泡沫」。

城市興起

到了五千五百年前（西元前三五〇〇年），世界人口數已經從農業發明時的八百萬名覓食者增加到五千萬人。這為集體學習帶來了更多潛在的創新者，步伐也

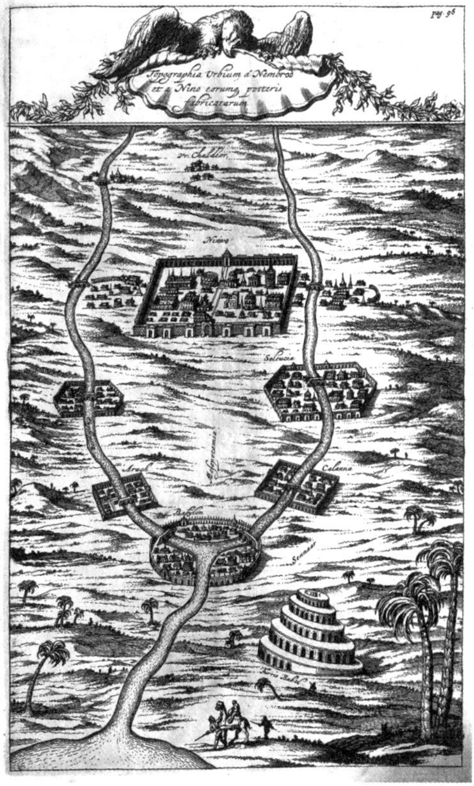

十七世紀的巴比倫（Babylon）與尼尼微（Nineveh）地圖

12 編按：哲學家丹尼爾・丹尼特（Daniel Dennett）在其著作《達爾文的危險觀念》（*Darwin's Dangerous Idea*）中提出的比喻，他認為達爾文的進化論不只是生物學理論，而是一種可以解構許多傳統信念（如心靈、倫理、文化、宗教等）的思想工具，會讓人無法再用舊的方式思考這個世界。

13 編按：由彼得・特爾欽（Peter Turchin）與謝爾蓋・涅費多夫（Sergey Nefedov）提出的理論，主張複雜農業社會經歷數百年的長期循環，包括人口增長、資源枯竭、社會動盪與崩潰，隨後進入恢復與再發展階段。該理論結合人口學、經濟學與社會動態模型，可用來理解王朝興衰與政治不穩等長期歷史規律。

隨之加快。從早期農業時代到農業國家時代（始於五千五百年前）的轉變，由以下幾點來定義：

1. 出現**分工**的大城市（餘糧養活非農民）
2. 出現**書寫文字**
3. **俗世週期**的開始（推動著帝國的興衰）

為了供養一個許多居民不務農的城市，你需要在鄉間種植過剩的糧食。大約七千年前，集體學習已在兩河流域的肥沃月彎展開。由軟金屬製成、更堅固的工具逐漸取代了木頭、石頭和骨製工具。數千年以來，農民不斷選擇性地培育高產量作物。灌溉設施將水引入原本乾燥的土壤，為植物釋放出先前未被利用的養分。用動物來耕田比人力耕田的速度快上許多。加上六千年前該地區的氣候適宜，農業生產力因此突飛猛進。過剩的食物使村莊和城鎮不斷擴張。

在五千五百年前（西元前三五〇〇年）的蘇美地區，埃利都（Eridu）從農村發展成一個擁有一萬人的城市。距今五千五百至五千兩百年前，若干同等規模的城市興起。但它們並不像位於埃利都西北方的烏魯克（Uruk）那麼大。烏魯克的土地面積比埃利都大十五倍，居民多達八萬人。這是規模前所未見的人類永久聚落。

隨著集體學習的增進，農作物產量變多，支撐著日益提升的社會複雜性。烏魯克的勞動分工非常明顯，效益愈來愈高的農業生產過剩的糧食來養活非農民。這座城市由祭司王所領導的祭司階層統治，他們手下有書吏，負責處理複雜的城市後勤事務。宮殿和寺廟是由一大群數以千計的工匠和工人建造的。士兵負責維護法律秩序和看守城牆。烏魯克的亞麻和羊毛產業蓬勃發展，裡面住著許多富商，還有被迫充當家僕或勞工的奴隸。在城市外，農民約占人口的百分之九十，而祭司們擁有百分之三十至六十五的土地。很大部分的農民也會成為奴隸。

大型聚落一形成，奴隸制幾乎立刻就出現了。如果有足夠的農作物來供養統治階級並餵飽保護他們的士兵，那麼就會有足夠的軍隊去強迫人們違背自己的意願工作。往往有藉口來合法化奴隸制度：某人負債累累，或是罪不至死的罪犯，又或是信仰異教或屬於外族的人。但大多數情況下，奴隸來自戰爭中被俘的敵軍。五千多年來，直到幾個世紀前，奴隸制度向來是所有農業國家的常態，廢除奴隸制度只是**極**少數的例外。

戰爭開始了。蘇美城市需要農田來養活人口和維持富裕。人類歷史上首度出現數千人規模的軍隊。烏魯克在五千五百至五千六百年前稱雄。此後，來自其他城邦的競爭日益激烈，導致駭人的暴力。四千五百五十年前（西元前二五五〇年），烏魯克被敵對城市烏爾（Ur）攻陷和劫掠。靈長類動物的統治階層之間向來存在著暴力，就連人類覓食者也是如此，但此時發生的流血衝突，規模已達到數千人死亡或被奴役，而且沒有跡象顯示這種循環會停止。

文字的出現

烏魯克以擁有現存最古老的書寫文字為榮，它們是用木棍刻在泥板上的，年代可追溯到五千五百年前（西元前

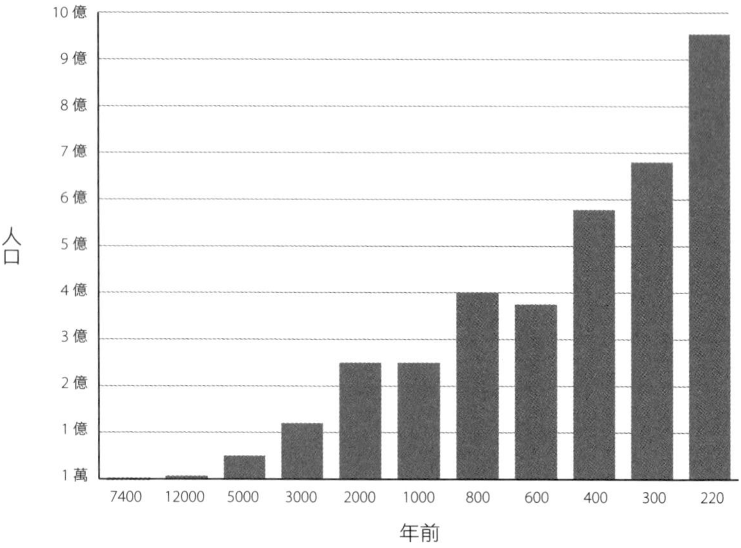

從遺傳瓶頸到工業革命的人口成長

三五〇〇年）。這些書寫討論的是農業生產和牲畜。自五千五百至四千五百年前，蘇美文字從象形符號（其中的符號與蘇美語單字的發音無關）演變成用於複雜的歌曲、詩和歷史的大量音節符號，同時也增加了數字系統。隨著世界各地其他農業國家的興起和發展，書寫模式也經歷了類似的演變。

就集體學習而言，書面紀錄的優點不言可喻。與其透過口述傳統來傳授所有知識——一旦某一代人沒有分享到這些知識，它們就會消失——書面紀錄可以在檔案中沉睡幾個世紀，直到被重新發現。相較於口述傳授，人們還可以用文字傳達更複雜、更抽象的訊息，其中包括歷史的細節和數學運算。總而言之，書面紀錄使知識比較不可能被遺忘——那種情況在覓食時代經常發生。當時集體學習的唯一限制是，除了書吏和祭司之外，很少有人識字。大多數的父母和孩子、師傅與學徒之間都繼續透過口語和身體示意來傳遞訊息。

帝國的興衰

大約四千三百年前（西元前二三〇〇年），阿卡德（Akkad）城邦興起於蘇美北部的某處。其統治者薩爾貢（Sargon）征服了整個蘇美、美索不達米亞，並推進到黎凡特（Levant）、登陸克里特島（Crete），最北到達安納托利亞（Anatolia），最東到達埃蘭（Elam），最南到達阿拉伯半島的頂端。多種文化融入了阿卡德帝國，在某些情況下，阿卡德語曾被強加給遭征服的民族。但即便是這個帝國也只維持到大約四千一百五十年前（西元前二二五〇年）就瓦解了。

這種事不會是最後一次發生。

這個現象稱作俗世週期，它推動著帝國的興衰。大約四千兩百年前（西元前二二〇〇年），乾旱、過度濫用而使土壤枯竭，以及短視的灌溉技術導致土壤鹽度上升，似乎大大降低了承載力。這似乎引發

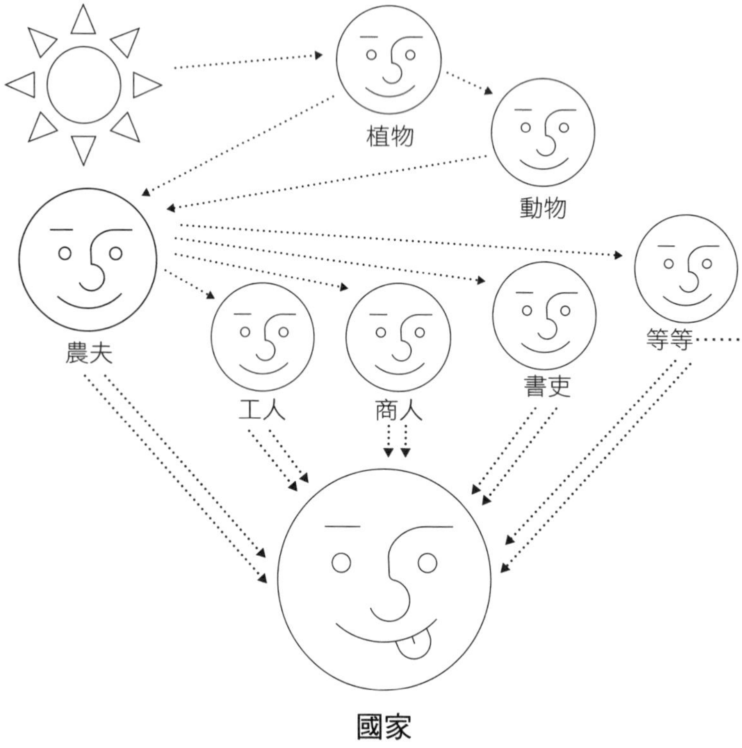

了一場人口危機，飢荒更加頻繁，各個城市和貴族的起義變得更普遍，阿卡德帝國對美索不達米亞的控制，隨著帝國的衰退而減弱。最終，帝國毀於古提（Gutian）「蠻族」的入侵。

說到底，集體學習、承載力和帝國的社會政治穩定之間存在著關聯。關鍵在於，儘管集體學習逐漸提高了承載力——世界人口從五千五百年前（西元前三五〇〇年）的五千萬人增加到兩百年前（西元一八〇〇年）的九億五千四百萬人——但人口水平卻經常超過承載力。農業人口生育出如此多嬰兒，以至於農業創新的腳步根本跟不上。因此，每隔幾個世紀就會出現興衰循環，對微觀歷史事件產生深遠的影響。模式如下：

1. **擴張**：當人口數量還少而且仍在擴張時，一般人生活充裕，因為有更多的土地、更多的食物和更高的薪資，統治者家族相當牢固地控制住貴族，帝國整體上是穩定的，能夠擴張其領土。
2. **壓力**：隨著人口逼近承載力，一般人需為基本必需品支付更多費用，但他們所獲得的薪資報酬卻更少（如果他們能得到報酬的話），租金上漲，農民賣掉土地，因為土地不再能養活他們。土地和財富集中在大富豪手中，他們的人數大幅增加。

3. **危機**：當飢荒、疾病或其他災難導致人口減少時，富人就會失去他們的農民、納稅人以及來自租金和農產品收入的財富來源。

4. **蕭條**；富人開始在大規模的內戰和起義中相互競爭，也與政府競爭，直(1)到入侵的軍隊接管；(2)精英人口減少到一定程度，和平與穩定再次降臨，人口數量重新恢復；或者(3)帝國徹底崩潰，該地區人口減少。

集體學習雖然逐漸提升了承載力，但還是跟不上人口成長的步伐，因此每隔幾個世紀，一個王國或帝國就會陷入興衰的循環中。這就是我們所觀察到的某些大趨勢對小規模歷史事件產生影響的方式。

這也是人類有異於自然界其他物種之處。通常，當某個物種達到其生態系的承載力時，族群數量就會急劇減少，而當少數倖存者獲得更多的食物時，族群數量就會迅速恢復。但在人類的情況中，還多了一層複雜性，亦即在大規模的暴力和內戰導致人口數量驟減後，人口可能幾十年內都保持在較低水平。

縱觀所有古代世界，我們都能看見這種模式出現——在美索不達米亞、埃及的古王國、中王國和新王國，以及中國的夏朝、商朝和周朝。每個國家的崩潰都是由累積一段時間的人口壓力、疾病和內亂所導致，而且往往因外族入侵而結束，偶爾也會終結於歷史陷入沉寂的短暫「黑暗時代」。

自西元前三〇〇〇年至西元一八〇〇年（以及更往後，農業國家並未快速工業化），幾乎每一次內戰、國家瓦解、繁榮以及帝國擴張，都與這種模式有若干關聯。

農業國家的複雜性

就結構複雜性（系統構成要

階段	人口	實際薪資	精英人數	暴力程度
擴張	成長	高，一般民眾生活水準良好	少／中等	低，伴隨高度的國家穩定性
壓力	減緩	縮減，一般民眾生活水準下降	增加	興起，主要是民眾起義，沒有太多精英支持
危機	衰減	增加，存活下來的一般民眾生活水準不斷下降	頭重腳輕的社會階級制度，下層階級開始變貧困	隨著精英的派系鬥爭、競爭和不滿而大量增加
蕭條	維持在低檔	增加，在暴力和可能的壓迫侵蝕下，生活水準下降	逐漸減少，因為社會政治的衝突持續發生	高，精英分子相互競爭，對剩餘資源的爭奪，削弱了政府功能
恢復（又稱再次擴張）	成長	高，一般民眾生活水準良好	少／中等	低，伴隨高度的國家穩定性

素、網絡和連結的數量和多樣性）而言，農業國家的複雜性大幅躍進。此時不再是由幾十個覓食者組成的群體，或者由幾百名農民組成的早期農業社群，而是人口數以萬計的城市，人們除了務農之外，還從事各式各樣的不同工作（構成要素的多樣性更加廣泛）。在由數百萬人所組成的國家和帝國中，這些人之間的連結日益緊密。國家之間的貿易路線日益穩固與繁多。

從能量流來看，我們也會發現複雜性在增加。和早期農業社會一樣，大部分的能量來自太陽。植物透過光合作用吸收這股能量，然後被人類和動物吃掉（人類也食用動物或從牠們身上獲取能量用於勞動）。來自農業生產的食物和財富，用來供養農業文明中其餘的非農民（工匠、書吏、士兵、商人、廚師、建築師、國王等）。

在最高層級，亦即國家的政府，一切農業和經濟活動所產生的能量流，大部分以租金、貢品和稅收的形式被吸收。貨幣本身是能量流的代表，因為貨幣代表價值，可用於購買商品和服務。因此，為了進行複雜的國家事務，政府所使用的能量流密度（平均為十萬爾格／克／秒），比以往的覓食社會或早期農耕社會，或宇宙中所曾見過的其他任何事物都還要大。

我們可以將農業國家比喻為生物。生物找尋食物（能量）來維持或增加其複雜性。同樣地，農業國家會尋求土地和財富。生物和國家也都在爭奪這些資源。一旦能量流耗盡，它們就會死亡。動物化石、人類骨骼和古代文明遺跡有一個共同點：它們都曾經偉大輝煌，但如今不復存在。它們象徵著熱力學第二定律所說的結束階段。

農業國家的演變

五千五百年前（西元前三五〇〇年）至兩千年前（約西元元年）期間，世界人口從五千萬人成長到兩億五千萬人。其中約百分之九十存在於非洲－歐亞大陸，百分之八存在於美洲，百分之二存在於澳洲和太平洋。五千五百年前（西元前三五〇〇年），美索不達米亞城邦和埃及王國僅控制了地表百分之〇・二的土地。當東亞、西非和美洲出現第一個農業國家時（最後一個農業國家於三千年前在美洲興起），這個比例上升到百分之六。到了西元一〇〇〇年，農業國家所控制的土地面積增加到百分之十三。地球上的絕大部分土地上居住著無國籍的農夫或覓食者，或無人居住。

此時的世界可分為四個區域：非洲－歐亞大陸、美洲、澳洲和太平洋。這些分化是建立在集體學習的基礎上。在所謂的大航海時代（Age of Explorations），以及這些區域整合成為一個集體學習網絡之前，它們之間並沒有傳遞過集體學習。但美洲、澳洲和太平洋地區**之內**的國家和人民之間存在著資訊交流。非洲、歐洲和亞洲各大陸也是如此（儘管長距離交流可能需要幾個世代的時間），因此它們被劃分為非洲－歐亞世界區域。

非洲－歐亞大陸在集體學習方面享有重大優勢。它擁有最多人口——舉例來說，西元前四八〇年，幅員廣闊的阿契美尼德帝國（Achaemenid Empire）約治理了五千萬人，占當時世界人口的百分之四十。農業首先在非洲－歐亞大陸興起，農業國家也是，因此最大的人口聚集區出現在東亞、印度、地中海和西非，而非世界其他地區，這是有道理的。在這裡，我們見識了中國各王朝帝國、波斯、希臘和羅馬帝國的興衰、印度河流域文明以及富含金礦的馬利（Mali）諸國的起源和消失。

非洲－歐亞大陸的大量人口促成了疾病的演變。農業國家並不比早期農業社會（人們定居下來，和牲畜近距離地生活在一起並飲用受汙染的水）更衛生，而且人口數量愈多，疾病愈有機會演變得愈來愈致命。在農耕時代，天花、鼠疫等多種疾病曾多次橫掃非洲－歐亞大陸，該世界區域就像是人類傳染病的培養皿，隨著世界各區域的整合，將對美洲、澳洲和太平洋產生可怕嚴重的影響。

美洲在大約五千年前（約西元前三〇〇〇年）首度施行農業，而中美洲在大約三千年前（約西元前一〇〇〇年）出現了第一個國家。美洲在農業方面略為落後非洲－歐亞大陸，這也是為什麼該世界區域只占世界人口的百分之八。儘管如此，大西洋所形成的封鎖隔絕，讓人類實驗得以獨立地進行，並產生大致相同的結果。西元五〇〇年，特奧蒂瓦坎

（Teotihuacan）城的人口接近二十萬，按照任何前現代的標準來看，這個數字都是十分巨大的。奧爾梅克人（Olmecs）、瑪雅人、阿茲特克人和（更南方的）印加人的農業國家都帶有先進文明的標誌。

農業國家以外的世界

許多世紀以來，北歐、撒哈拉沙漠、阿拉伯沙漠以及中亞平原的大片地區，一直處於無國家狀態——存在著早期農業社會或游牧覓食者。一旦農業國家在俗世週期的危機或蕭條階段變得弱小，這些偏遠地區就會對農業國家構成重大威脅。舉例來說，中國的許多王朝都是由「野蠻」入侵者建立的，或日耳曼入侵者取代了歐洲的羅馬帝國，這些都不是巧合。

從撒哈拉沙漠到好望角的中非和南非，抗拒了農業和國家更長的時間。農業發展之所以延遲，是因為撒哈拉以南的非洲是人類的最佳覓食環境之一，同時也是最不適合定居農耕的環境之一。然而，到西元前一五〇〇年，農業已經傳播到中非並深入剛果，某些文化在西元前五〇〇年就採行了農業。西元三〇〇年，農業傳播到非洲南部。大約西元一五〇〇年，就在世界區域整合之前，這些地區開始出現一些農業國家。

西元六〇〇年，北美出現了早期農業社會，最知名的是美國西南部的培布羅社會。最令人印象深刻的聚落位於查科峽谷（Chaco Canyon），這些聚落可稱得上農業國家，人口數達到五千，建立於西元八五〇至一一五〇年間。在北美大平原、加州、美國東海岸和加拿大以外的地方，有些半定居文化混合了農耕和覓食活動，而有些僅進行覓食。假如沒有歐洲人的到來，這些地區可能也會出現農業國家。

在澳洲世界區域，人們徹底逃過了定居生活的陷阱和不衛生的農業條件。從健康的角度來看，人們當然更偏好覓食活動，尤其因為原住民的方法極具生產力。他們放火燒掉森林、殺死獵物和暴露出可食用的植物，並清理出可供通行的路徑，而且喜歡火的尤加利森林很快就會恢復。澳洲大陸能養活約莫五十萬至一百萬個覓食者。

太平洋世界區域在五千年前開始有人類居住，有些島嶼到了將近兩千年前才有人居。由於缺乏從北方吹來的航行風，紐西蘭直到西元一二八〇年才有人定居。這個世界區域的人口由數百人的小島嶼，到容納數千人的較大島鏈所組成。舉例來說，夏威夷群島曾養活多達三萬人，而且那裡有一定程度的動植物馴化和灌溉設施，可稱之為農業。

絲綢之路

非洲－歐亞大陸遍布著農業文明，這些文明有可能共享了集體學習。但這些國家往往相距遙遠，被廣大的沙漠或難以穿越的森林阻隔，旅人可能會在艱苦的旅途中成為俘虜或遭到殺害。所以三千年以來，集體學習的傳播一向十分緩慢。第一條橫跨整個非洲－歐亞大陸的貿易路線，直到西元前五〇年才出現。絲路使貨物和訊息得以從中國慢慢輸送到印度、波斯、地中海，以及經由撒哈拉貿易路線輸送到西非。

儘管稱為絲路，但絲路不光只是運送絲綢、香料或其他商品，也傳播宗教、發明和數學概念。舉例來說，印度數字發明於西元四〇〇年代，在伊斯蘭入侵期間被阿拉伯人採用（因此誤稱為「阿拉伯數字」），並於中世紀傳入歐洲，取代了比較繁瑣不便的羅馬數字系統。

中國由於人口眾多，擁有大量奢侈品和香料，因而成為絲路沿線貿易的重鎮。中國貨物通常由游牧民族緩慢而零散地運送到中亞各地，往往耗時超過一個世代，但最終還是湧入中東和地中海市場。做為回報，西方世界向東方世界提供了葡萄、加工製成品和馬匹。但貿易的天平傾向於人口較多的亞洲。

絲綢之路的陸上路線是一段嚴酷的旅程，從東地中海的港口出發，穿越美索不達米亞和波斯的沙礫地，翻過無數座山脈和沙漠之後，方能抵達印度和中國。這些中亞路線不僅意味著艱難的往返，還得與眾多游牧民族和帝國的部隊交戰，途中可能會被殺死或被劫掠。此外，絲綢之路的海上路線沿著紅海延伸到阿克蘇姆（Aksum，阿克蘇姆因此發了大財，使這個人口稀少的地方在西元前一〇〇〇年成為商業超級大國），再到印度的眾多港口之一，然後繼續前往印度支那和中國南方地區。伊斯蘭教正是透過這些海上路線，從印度傳播到馬來亞和印尼。

非洲－歐亞大陸擁有一個通道，讓集體學習從而傳播到超級大陸上數以百計不同的農業國家，西元一〇〇〇年，這個超級大陸上的人口約有三億。絕大多數的貿易並不是由某個商人從絲路的一端運送到另一端而完成的，商品和資訊的傳輸可能需要花費幾年甚至幾代人的時間，才能穿越非洲－歐亞大陸。話雖如此，絲路正在掀起一場緩慢、漸進的革命。當時的人也許不會注意到這一點，但它很快就激起了人類歷史上的巨大改變。

印刷術的演變

在前現代世界，文字知識的最大限制在於傳播。前現代期間，大量的集體學習仍以口述方式進行，但這種方式很緩慢且有缺點。讀寫能力依舊掌握在書吏、官僚、哲學家和精英分子手中。文字作品仍然稀缺且昂貴。印刷術將改變這一切。

最初的中國印刷術是以木版進行印刷，出現於西元二二〇年漢朝末期。每一頁內容都必須刻在木板上，降低了效率。木刻板極為笨重，不便於儲存和運送，印製每本新書或修改時都得從頭開始。西元一〇四五年，畢昇發明了活字印刷術，將文字刻在可以重新排列組合的泥板上，能形成新的文字順序，再印到紙頁上。中國定期出版無數的哲學、科學和農業著作。有些書籍的發行量高達數千本。

西元一二〇〇年代，韓國人發明了金屬活字印刷術。金屬活字印刷模的好處是耐用、體積更小且易於重新排列組合，最終可用更快的速度生產書籍。韓國人沒有使用任何形式的印刷機。他們將薄紙鋪在沾墨的字模上，然後用木鏟壓擦出印記。這麼做實在太慢了。儘管如此，使用木刻板或金屬活字並以木鏟施印，早期印刷術在中國和韓國造成的影響是，能用比手寫更快的速度複製更多的文字知識，從而增加了書籍的流通數量，也拓展了識字者能夠獲取知識的範圍。必須指出的是，在東亞，速度較慢的木版印刷直到十九世紀仍然是主要形式，限制了人們從更廣泛流通的作品中所能得到的集體學習。

在歐洲，古騰堡的印刷機發明於西元一四五〇年左右，結合了金屬活字模（透過絲路從東方傳入）和葡萄酒壓榨機（酒精的眾多好處之一），可以快速排版，然後相當迅速地在紙上印刷。這徹底改變了印刷業。在一四六〇年代，光憑三個人操作古騰堡印刷機，就可以在一百天內印製兩百本書。同樣數量的書本需要三位中世紀抄寫員花費三十年的時間才能完成。西元六世紀，本篤會修道院制定了需收藏約五十本書的規定。梵蒂岡圖書館是十五世紀中葉西方世界最大的圖書館，約有兩千本藏書。然而在十七、十八世紀，一個中等地位的私人學者很容易就能取得那麼多本書。

據估計，西元一四五〇至一五〇〇年的五十年間，共印製了八百萬本書。這很可能超過了西元五〇〇年以來歐洲手抄書的全部數量。西元一五〇〇至一六〇〇年間，共印製了一億四千萬至兩億本書。這為歐洲人在集體學習上提供了巨大的優勢，促進了文藝復興和宗教改革的傳播，並將引發科學革命。

資訊的日益豐富、連結性不斷增強，以及識字率的逐漸提升，意味著複雜性的另一次爆炸性躍升即將到來。

第 10 章

世界的整合

非洲－歐亞人誤入其他世界區域／中國差點引發了工業革命／某種非洲－歐亞疾病在一連串發生的疾病中奪走數百萬人的生命／土耳其人切斷絲路貿易，無意間導致了下一次複雜性的興起／奴隸制度仍在持續／複雜性明顯可感的代價是人類造成的，也會由人類承受。

到了西元一二〇〇年，世界人口約為四億，但並非沒有經歷過俗世週期的下降和衰退。舉例來說，西元元年，世界人口約兩億五千萬，但隨著羅馬帝國、中國漢朝和其他許多農業國家的衰敗和瓦解，到了西元六〇〇年，世界人口已減少至兩億。到了西元一二〇〇年，世界已恢復生息，人口數大幅超越古代的最大值。

陸上和海上絲路將非洲－歐亞大陸整合成一個相當強大的集體學習網絡，人們共享著思想和創新（可怕的是，還有疾病）。其他三個世界區域——美洲、澳洲和太平洋——尚未加入該網絡來進一步加速集體學習的速度。將各個世界區域整合成單一的集體學習網絡，將可充分利用地球上所有人類的創新能力，使人類踏上現代化的道路，並更加提升其複雜性。

中世紀的全球化

農業國家的絕大部分財富（亦即能量流）來自於農業。地主獲得農作物收成的一部分或收取租金，而中央政府則徵收稅金和貢品。但多虧有了絲路，這種情況正在改變。商人賺到愈來愈多錢，變得愈來愈有影響力。義大利的商業國家威尼斯、熱那亞和佛羅倫斯幅員雖小，卻成為歐洲最富有的國家。錫蘭和南印度的香料商人和泰米爾（Tamil）王朝的國王們，也達到同樣的發展，而繁榮的國際香料貿易為印尼的室利佛

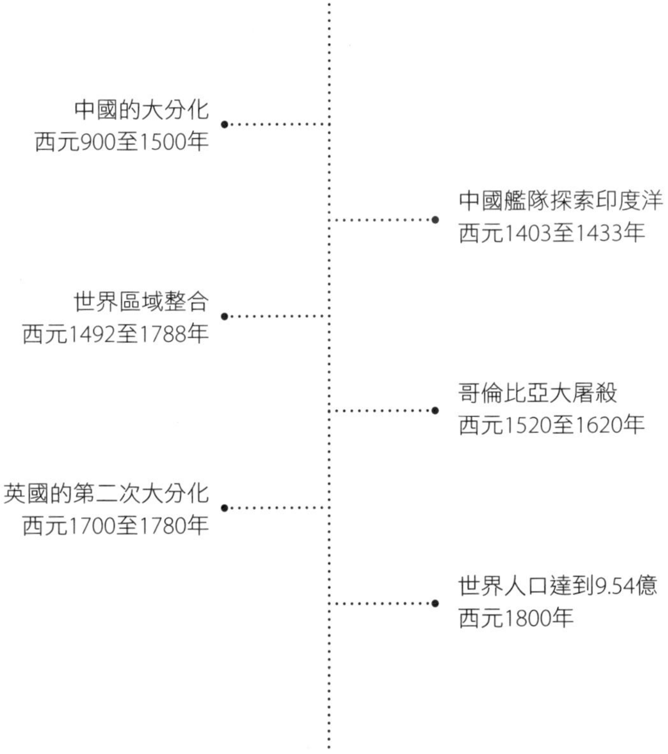

逝（Srivijaya）王國帶來愈來愈多的財富和權力。這些全是規模較小的國家，但僅憑商業就坐擁巨大的財富，在許多方面都超越了依賴土地稅收的同等規模國家。

十一世紀十字軍東征的開始，讓歐洲與中東的接觸更加密切。維京人曾短暫侵襲北美洲。西元一二七一年，馬可波羅穿越中亞，展開危險的中國之旅。他在西元一三〇〇年出版了旅行記述，讓歐洲社會震驚於東亞的富裕程度，從而強化歐洲商人前往該地進行貿易的動機。

我們有充分的理由到中國從事貿易。絲路上並不存在平等的利益。歐洲和非洲渴望涉足亞洲市場，以取得他們無法自行生產的產品——絲綢、香料、陶瓷器等等。中東歷代的穆斯林哈里發國仍藉由擔任中國商品和印度香料的中間人而賺取大量金錢，因為他們居住在通往東方的唯一貿易路線上（當時還沒有人繞過非洲好望角）。然而，中國生產了最受青睞的商品且產量龐大，因此在整個貿易網絡中居主導地位。正如現代的全球化是由富裕且技術先進的西方世界所推動，全球化的中世紀起源也是由富裕且技術先進的中國所推動的。

第一次大分化：中國差一點引發工業革命

早在西方世界於十九世紀在經濟和技術上領先世界其他地區之前，中國就已在幾個世紀前做到了相同的事，甚至達到可能引發一場工業革命的程度。這完全要歸功於集體學習，推動者是許多潛在的創新者，這些人在他們的有生之年提出了新的創新。人類的人口數愈多，每一代擲骰子的次數就愈多。

西元五〇〇至一一〇〇年間，隨著水稻生產在中國南方傳播，承載力無疑呈現了爆炸性的成長。傳統水稻品種每公頃可以養活約六個人，相較之下每公頃小麥只能養活三個人。這個現象在宋朝（西元九六〇至一二七六年）時愈加明顯。宋朝政府從越南引進了高產量水稻品種、任命當地社區的「農業大師」，並傳播新的農業技術和新工具、肥料與灌溉方法的知識。宋朝政府也引進新開墾土地的減稅政策，並提供低利貸款，好讓農民可投資新的農業設備和農作物。中國政府發給地主們三千冊的《農桑輯要》，以提高農作物產量。採用這種方法種植的水稻每年可有二至三收。

西元九〇〇年代至一〇〇〇年代的宋朝時期，中國的人口承載力從五千萬至六千萬，增加到一億一千萬至一億兩千萬（幾乎占世界人口的一半），創下人口密度最高紀錄，例如有五百萬人在六十五乘以八十公里的區域內耕種。到了西元一一〇〇年，中國占世界人口的百分之三十至四十，而歐洲僅占百分之十至十二。

中國的集體學習突飛猛進。舉例來說，在宋朝，每年鑄幣量和貨幣使用量大幅增加。他們還引進了紙幣。農業技術改進：糞肥的使用更加頻繁，新的種子品種被培育出來，水力和灌溉技術獲得改善，農場轉向作物專業化發展。煤被用於煉鐵（如同推動早期英國工業化的煉鐵製程），鐵的產量從唐朝（西元六一八至九〇七年）的每年一萬九千噸增加到宋朝的十一萬三千噸。宋朝是最早發明和利用火藥威力的朝代。紡織品生產首次出現機械化的跡象。

推測如果工業革命發生在中國，現代歷史會是什麼樣貌，將是一件有趣的事。當然，全球的社會政治歷史將截然不同，中國船隻會抵達美洲和澳洲海岸，也許是有意在那裡殖民（並且無意中傳播了致命的非洲－歐亞疾病），而帝國主

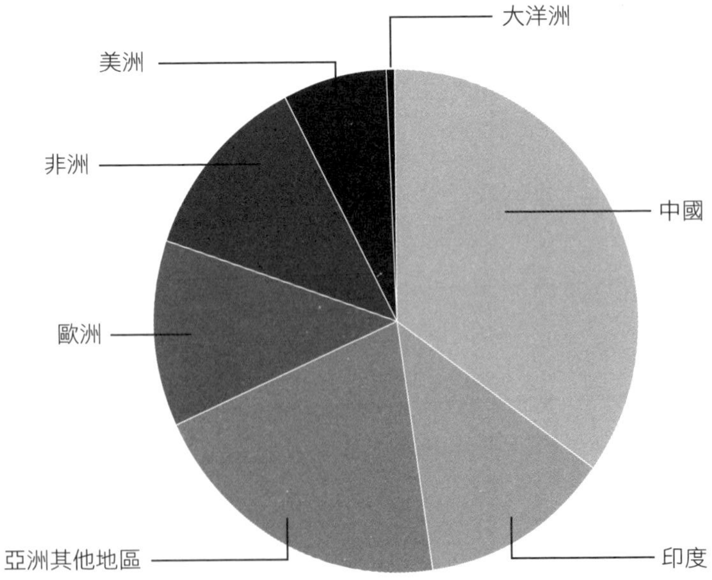

西元1100年左右世界人口比例

義時代的到來也將會讓歐洲付出代價，而不是受益。

隨著絲路蔓延的黑死病

歸功於集體學習、農業創新和開闢新耕地，世界人口從一一〇〇年的三億人激增至一二〇〇年的四億人。相較於之前和之後的時期，這時的農業文明相當穩定（至少在內部）。

但人口成長開始超越農業創新的速度。一二〇〇至一三〇〇年間，全球人口僅成長到四億三千兩百萬。人口壓力開始顯現。農民生活水準下降：吃到的肉食變少，工資減少，租金上漲，小農不得不出售土地，而隨著精英階層的數量增加好幾倍，大型莊園紛紛建立。

自一三一五至一三一七年，歐洲大饑荒（Great Famine of Europe）餓死了約百分之十五的歐洲人口。一三三三至一三三七年，中國的一場饑荒也奪走了類似數量的人口。平民數量減少，依賴他們的精英階層收入隨之減少，某些精英分子甚至陷入貧窮。全球政局動盪不安，發生愈來愈多精英造反、暗殺事件和宮廷政變。

然而因為絲路的存在，更糟的事情還在後面。絲路帶來了災難。黑死病是一種極為致命的疾病，由鼠疫耶爾森菌所引起，這種細菌會透過跳蚤傳播，而跳蚤又透過老鼠傳播。一旦遭到受感染的跳蚤叮咬，人們的腹股溝周圍就會出現淋巴結腫大，在觸碰時感到疼痛。

隨著細菌進入人體血液，黑死病患者會出現發燒、虛弱、神志不清、頭痛、嘔血以及肌肉和內臟壞死（變黑且生壞疽）的症狀。患者通常在七至十天內死亡，大約百分之八十的鼠疫患者都難逃一死。如果腺鼠疫演變成肺鼠疫，死亡率將高達百分之九十至九十五，肺鼠疫患者通常在感染後兩至三個小時內死亡。

絲路將黑死病傳播到了東方和西方。一三四〇年代，中國曾零星爆發疫情，一三五三至一三五四年間，一場更嚴重的瘟疫橫掃全中國。結果造成人口下降、精英內訌和國家瓦解，最終導致一三六八年明朝推翻掉元朝。瘟疫和大蕭條導致中國人口從一二〇〇年的一億兩千萬至一億四千萬，減少到一三九三年的六千五百萬。

一三三五年，黑死病也從中亞傳播到波斯，造成大約百分之三十至五十的人口死亡，其中包括伊兒汗國（Ilkhanate）的統治者，自一二五六至一二五九年蒙古帝國分裂以來，伊兒汗國一直統治著該地區。結果伊兒汗國分裂為幾個敵對的王國。一三三八至一三四四年間，黑死病蔓延至北方欽察汗國（Golden Horde）的貿易路線，造成約百分之三十至七十的人口死亡。

一三四四年，已經染疫的欽察汗國軍隊圍攻熱那亞所控制的克里米亞貿易港口卡法（Kaffa）。欽察汗國軍隊用拋石機將感染黑死病的屍體投入城內，這是人類歷史上最早有紀錄的生物戰爭之一。

黑死病成功登上熱那亞的商船並開始感染地中海。一三四七年，黑死病抵達君士坦丁堡的港口，然後經由陸路蔓延到安納托利亞，於一三四八年到達大馬士革，估計每天都有兩千人死亡。同年，黑死病傳播到埃及，造成開羅約百分之五十的人口死亡。由於穆斯林的麥加朝聖傳統，黑死病於一三四九年抵達了他們最神聖的城市。

早在一三四七年，熱那亞商人就已前往希臘、西西里島、撒丁島、科西嘉島和馬賽。

一三四八年，他們來到英格蘭、愛爾蘭和法國北部。

一三四九年，黑死病席捲西班牙南部，最遠達到摩洛哥。受感染的船隻抵達挪威卑爾根。

一三五〇年，黑死病從英格蘭蔓延到蘇格蘭，從挪威蔓延到瑞典，從法國蔓延到神聖羅馬帝國。波蘭和俄羅斯分別於一三五一年和一三五三年遭受黑死病侵襲。只有少數居住在

瘟疫醫生

芬蘭寒冷地區的人口倖免於難。

一三〇〇年，世界人口數為四億三千兩百萬。到了一四〇〇年，由於飢荒和瘟疫的雙重打擊，以及人口減少後通常隨之而來的數十年劇烈動盪，全球人口數已縮減至三億五千萬。

然而，人口下降會產生一個有趣的副作用：一般民眾的生活再次變得相當富裕。勞動力短缺意味著工資上漲，死者留下的大量土地意味著租金降低和可持續發展的農場，而食物價格便宜是因為購買者減少。農民甚至可能擁有我們所稱的「可支配收入」，用於購買一些適度的奢侈品。這時非洲－歐亞大陸一般民眾的生活水準比工業革命之前的任何時期還要高，「實際工資」也更多。

中國的大航海時代

黑死病爆發後，鄂圖曼土耳其人關閉了絲路上的大部分陸上貿易。交易網絡的中斷促使非洲－歐亞超大陸兩端的探險家開始尋找新的海路。

一四〇三年，明朝開始建造一支龐大的艦隊，裡面包含戰船和商船，其規模令當時世界上任何船隻都相形見絀。這支中國遠征艦隊由三百一十七艘船隻組成，其中一些船長約一百二十公尺，有三到四層甲板，總共搭載了為數兩萬八千人的大軍，可說為貿易談判增加了籌碼。

自一四〇五年起，這支艦隊發動了多次遠征，幾度繞行東南亞並前往印度。他們航行到印尼進行貿易，也曾多次登陸阿拉伯和東非。前後共進行了七次探索。

艦隊在一四三三年完成最後一次航行並返航。此時，中國已是一個坐擁大量天然資源和奢侈品的強大帝國，但卻轉向了孤立主義。倘若這些航行持續下去，那麼中國人最終可能會航行到非洲南端，甚至與歐洲進行直接貿易，這並不是一個不合理的推測。中國人也有可能進一步從印尼向南遷移到澳洲。他們或許甚至能夠航行穿越太平洋，一路抵達美洲。

歐洲的大航海時代

十五世紀的歐洲國家無法像黑死病爆發之前那樣，透過向農業人口徵稅來獲得如此多的收入，因此商人和商業主義開始更受青睞。然而，鄂圖曼土耳其人為了征服歐洲，切斷了絲路上的大部分貿易。歐洲人於是向西方退卻。

到了一四二〇年代，葡萄牙人和西班牙人已經登陸加那利群島（Canaries）、馬德拉群島（Madeira）和亞速爾群島（Azores），並繪製出看似無邊無際的非洲大陸的一大段地圖。在一四四〇和一四五〇年代，葡萄牙開始與馬利帝國進行大量貿易。葡萄牙取得了胡椒、象牙、黃金和非洲奴隸的貿易。一四八八年，巴爾托洛梅烏·迪亞士（Bartolomeu Dias）抵達南非好望角。一四八九年，瓦斯科·達伽馬（Vasco da Gama）則繞過非洲抵達印度，帶回了一批香料。由於繞過了敵對的鄂圖曼帝國，達伽馬得以用僅為東地中海行情百分之五的價格購買貨物。

環繞非洲航行的問題在於，在赤道附近會遇到一個稱作「赤道無風帶」的區域。這是一片遼闊的海域，風力往往太弱，無法吹動船帆，船隻也時常遭遇危險的風暴。人們開始尋求替代方案。一四九二年，阿拉貢的費迪南（Ferdinand of Aragon）和卡斯提爾的伊莎貝拉（Isabella of Castile）委託一支由熱那亞探險家哥倫布率領的探險隊（他們並不知道維京人在大約五百年前早已完成過這種航程）。哥倫布於八月離開卡斯提爾，向西航行，十月抵達巴哈馬。他繼續造訪古巴和伊斯帕尼奧拉島（Hispaniola）。哥倫布建立了一個統管當地原住民的政體，強迫奴隸勞動、性奴役和殘害不服從者，同時，島上的人口也逐漸被歐洲疾病消滅。哥倫布直到臨終之際，仍確信自己已經登陸亞洲。

一五一九年，西班牙君王委託葡萄牙探險家麥哲倫率領五艘船，航行至南美洲並進入太平洋，麥哲倫於是遠渡重洋來到菲律賓，並於一五二一年在那裡遭到殺害。只有一艘船在一五二二年成功返回西班牙，在胡安·塞巴斯蒂安·德爾卡諾（Juan Sebastian del Cano）的指揮下，完成首次的環球航行。

十六世紀，歐洲和殖民地商人開始大量湧向亞洲和美洲，國家、私人投資者和個人都來尋求發大財的機會。哈布斯堡西班牙控制了這些貿易網絡，並在南美洲和中美洲礦產資源最豐富的一些地區占領殖民地。其他加入殖民活動的強國包括英國、法國和荷蘭，蘇格蘭也曾幾度嘗試建立殖民地。中歐和東歐國家因為本地戰爭和地理位置的關係，大多錯過了這個大航海時代。

一五一九年至一五二一年間，艾爾南・科特斯（Hernán Cortés）率領數百名西班牙征服者，配備火藥武器和多種疾病來對付阿茲特克人（Aztecs）。這些歐洲疾病導致阿茲特克人的高死亡率，加上科特斯和阿茲特克人的各個當地敵人結盟，短短幾年內，整個墨西哥就落入西班牙人手中。一五三二年，弗朗西斯科・皮薩羅（Francisco Pizarro）率領一支類似的遠征軍進攻印加帝國，同樣藉助於火藥武器和歐洲疾病的可怕肆虐。然而，印加帝國幅員遼闊，地形崎嶇，西班牙人歷經一場漫長且艱辛的殲滅戰，直到一五七二年才徹底征服印加帝國。

漫長而可怕的奴隸貿易史

在加勒比海和南美洲，歐洲人偶然發現了適合種植甘蔗的氣候。問題在於去哪裡找到足夠的勞動力來從事如此辛苦的工作。下層階級的歐洲人並不是這個問題的解答。只有運往美洲的契約勞工才可能被強迫做工。合約到期後他們很快就會離開，願意做這份工作的人肯定不多。西班牙人和葡萄牙人起初試圖強迫美洲原住民去做，但是他們熟悉鄉間地區，經常逃回自己族人那裡，留下來的人往往死於非洲—歐亞疾病。因此葡萄牙人採用了半個世紀前他們與非洲統治者所進行的奴隸貿易。

自從五千五百年前農業國家誕生以來，奴隸制早已存在。歐洲、非洲和亞洲都曾有過奴隸制度。阿茲特克人和印加人都曾蓄奴，中國人、韓國人和印度人也是。在整個農業時代總共大約五百五十億人口中，估計有三十億至一百億人可能當過奴隸。

歐洲人對奴隸制並不陌生。羅馬人在地中海世界到處坐擁巨大的種植園，由數以百萬計的奴隸負責運作。中世紀模糊了奴隸制和農奴制之間的界限，農奴制並沒有好上多少（儘管確實是一種進步）。事實上，農奴制是中世紀早期對舊奴隸制度的扭曲，甚至連名稱也是如此：「農奴」（serf）一詞源自於拉丁文*servus*（奴隸）。在歐洲以東，俄國直到一八六一年才廢除掉農奴制。

到了十五世紀，西非各王國已和穆斯林從事奴隸貿易長達好幾百年，強迫把人越過撒哈拉沙漠運送出去。自十一世紀以來，隨著被穆斯林俘虜和奴役的歐洲人數量逐漸減少，對非洲奴隸的需求相應增加。非洲人自己的奴隸主要來自戰爭中被征服的民族（但負債或出生在奴隸家族，也是成為奴隸的原因），非洲人如果不留下這些奴隸，就透過絲路將他們賣掉。葡萄牙人在一四四〇年代與非洲統治者建立起貿易關係後，也涉足了奴隸貿易。

駭人的運輸過程，導致百分之十至二十的非洲奴隸死於橫渡大西洋的途中。向東穿越撒哈拉的徒步路程，使被賣掉或俘虜的奴隸死了百分之二十五至五十。在短短的四百年間，共有一千一百萬至一千四百萬個非洲人被帶到西邊的大西洋彼岸。在一千一百年間，共有一千萬至一千七百萬個非洲人越過撒哈拉沙漠，被帶往東邊。非洲的農業國家中，平均有百分之五至十五的人口是奴隸。

奴隸制是農業國家的通則，沒有奴隸制才是例外。對於全球那些被鏈住的人來說，這真是可怕的五千年。

大西洋奴隸貿易中，百分之四十五的奴隸都是被葡萄牙人帶走。他們的前殖民地巴西是大西洋奴隸貿易中百分之三十五的目的地。葡萄牙也是廢除奴隸制的國家之一，時間是在一八八八年。西班牙人占有非洲奴隸總數的約百分之十五，他們將大部分奴隸運送到南美洲和加勒比海島嶼領地。他們也更堅決地使用美洲原住民奴隸，特別是在採礦作業中。

法國人將百分之十的非洲奴隸送往他們在加勒比地區的領地，其中大部分是種植園。荷蘭也採取相同的措施，占奴隸總人數的百分之五。

在十七和十八世紀，強迫種植園奴隸勞動的範圍從製糖擴展到生產菸草（另一種讓人高度成癮的產品）和紡織用的棉花。這使得奴隸勞動力對於北美十三個殖民地的南部農場來說極具吸引力。英國於是將百分之十五的非洲奴隸輸入到他們在加勒比地區的種植園，而大約百分之十的奴隸被送到日後的美國，過著被奴役的生活，總共占奴隸貿易的百分之二十五。

一五〇〇年代，估計有四十萬至五十萬非洲人被歐洲人奴役（占非洲人口的百分之一）。一六〇〇年代，這個數字增加到一百萬至一百五十萬（百分之二・五）。十八世紀時，有五百萬至八百萬非洲人（百分之十）被買下、

非洲奴隸貿易

捆綁，塞進條件極為惡劣的船上，運往美洲。

正是一七〇〇年代可怕的販奴規模，最終引發了英國的廢奴運動。歷經三十年的公眾和議會運動，英國於一八〇七年廢除了奴隸貿易，規定購買和運輸奴隸為不合法。英國海軍也積極阻止其他國家販運非洲奴隸。儘管如此，其餘的大西洋奴隸貿易國還是在十九世紀成功地從非洲運走了另外三百萬至四百萬名奴隸（占非洲人口的百分之四至五）。一八三三年，大英帝國自行廢除奴隸制，在隨後的幾十年裡，透過殘酷的內戰、可怕的革命或和平立法，其他大西洋國家也逐漸起而仿傚。

在非洲本身，奴隸制繼續存在，特別是在北非，奴隸制被賦予宗教和種族的合理性。十九世紀後期，歐洲的帝國主義和干預試圖廢除非洲的奴隸制，但進展非常緩慢，而且往往成效不彰。依據不同的殖民政權，有的甚至不是真心想廢除，有的則是延長了奴隸制。

即使現今的後殖民時代，非洲的奴隸制仍然是個問題。現代的奈及利亞有七十萬名奴隸；衣索比亞六十五萬；剛果五十萬；總共約有五百萬至一千萬人在非洲實際過著奴隸般的生活。在非洲以外，印度有一千兩百萬至一千四百萬實際如同奴隸的人，巴基斯坦有兩百萬，中國有三百萬。目前全球共有四千七百萬名奴隸，約相當於西班牙的人口。

世界區域整合的驚人代價

歐洲人將他們馴養的所有農場動物都帶到了美洲和澳洲，這是建立移民殖民地必不可少的要素。綿羊和牛的繁殖數量多到很快就成為這兩個世界區域最常見的哺乳動物。一六〇〇年時，美洲的牛羊數量已達到兩千萬隻。

一萬兩千年前，當人類抵達美洲時，把美洲的馬種獵殺到滅絕。歐洲人到來後，他們重新引進了馬。美洲原住民取得了一些馬。結果，大平原美洲原住民的生活方式發生了徹底的改變。許多文化從存在於大平原地區數千年的農耕文化，再次轉變為游牧覓食者。在馬出現之前，美洲原住民會用毛皮偽裝自己，然後沿著地面爬行，以逼近野牛群。他們會近身用矛刺殺野牛，而牛群接著開始逃竄。隨著馬的到來，美洲原住民現在可以跟上野牛的腳步，一面追逐野牛一面用長矛刺殺牠們，或者將牠們趕到懸崖邊摔落。到了十九世紀，大平原上的民族把馬當作他們文化的基石，已有長達三百年的時間。這時間長到足以讓一些美洲原住民在記述中將馬描述成一直存在於美洲、而且是他們生活方式的一部分。

新世界的農作物轉而影響非洲－歐亞大陸。就熱量攝取而言，每平方公里玉米提供的熱量比小麥高，僅略低於稻米。馬鈴薯是其中一例，它不僅熱量很高，事實上在生長過程中還能使土壤變肥沃。玉米和馬鈴薯的另一個優點是，它們比小麥或稻米更容易準備和烹調。美洲也向世界提供了同樣高產量的番茄、山藥和南瓜。歐洲採用美洲作物後，其承載力增加了百分之二十到三十。在一六三〇年代的中國，人們開始經歷大規模的飢荒，但採用美洲作物阻止了另一場大飢荒的發生，直到十九世紀為止，中國人口從一億五千萬增加到三億三千萬。

疾病徹底摧毀掉美洲和澳洲的居民。數千年來，非洲－歐亞大陸一直是人類百分之九十人口的居住地，其中大多數生活在人口稠密的農業國家，那裡缺乏基本的衛生和細菌理論。非洲－歐亞大陸居民經過幾百個世代，已經發展出對疾病的遺傳抵抗力，但美洲和澳洲的人口並沒有這種生物抵抗力。歐洲殖民者帶來了天花、傷寒、霍亂、麻疹、結核病、百日咳和多種流感，雖然這些病毒對歐洲人來說仍是致命的，但對於沒有抵抗力的當地居民，影響要更嚴重得多。

在美洲，一五〇〇至一六二〇年間，非洲－歐亞疾病估計消滅了百分之九十的人口。在當時全球人口為五億至五億八千萬的情況下，約有五千萬人喪生，只因為歐洲人出現在這裡，如此簡單的行為就夠了。一切都是在一個世紀的時間內完成。一六二〇年，北美洲和南美洲僅剩下五百萬個美洲原住民。這是人類文明史上前所未有的人口抹除。在整個十九世紀到進入二十世紀，非洲－歐亞疾病將持續肆虐美洲原住民。

在澳洲，非洲－歐亞大陸的混合疾病，導致一七八八至一九〇〇年間澳洲的原住民人口至少減少了百分之七三．七五。現今多數學者均認為，澳洲在接觸歐洲人之前的人口大約是八十萬，一八五〇年，人口萎縮到只剩下二十萬人。一九〇〇年，原住民人口數為九萬。根據經濟歷史學家N．G．巴特林（N. G. Butlin）的計算，歐洲人的農地擴張，導致最多有十萬名澳洲原住民餓死，而歷史學家亨利．雷諾茲（Henry Reynolds）對邊境暴力事件中未記錄的原住民死亡人數所做的估計，相較於有記錄的歐洲人死亡人數，得出在短短一百多年裡，百分之七三．七五的人口減少是疾病造成的，百分之二一．五是飢餓，百分之二．五是邊境暴力。

請想像一下，如果在一個世紀的時間裡，地球上的八十億人開始死亡，直到只剩下八億人。如果這件事發生了，你的國家的人口數將減少至百分之十。這就是世界區域整合的代價。當美洲的農作物提高了歐洲和亞洲的承載力而使人口激增時，美洲和澳洲的人口卻以可怕的速度在減少。即便在寫這段內容時，我仍幾乎無法想像這種生物恐怖行動所造成的破壞和痛苦。

複雜性不等於進步

讓我們回顧一下到目前為止的複雜性之旅。宇宙大爆炸和恆星爆炸的火焰風暴。地獄般的地球形成過程。物種血淋淋的演化方式。靈長類動物的謀殺傾向。農業時代的剝削和疾病。現在又是這樣。複雜並**不**等於「進步」。我們如今的一切舒適和便利，都是用大多數人難以想像的巨大代價換來的。

複雜性存在於一個四面八方都充斥著熱力學第二定律的宇宙中。每一個複雜性的門檻都會帶來破壞，而且只要有意識就會有痛苦。在我們目前的歷史節點，沒有任何事情是注定好的。這並不是一個按部就班朝著冷氣機和iPhone進展的過程。這是一場掙扎，盲目的掙扎。這場掙扎至今仍在繼續，但我們多了一點點先見之明。

這段歷史最令人著迷之處在於，複雜性每提升一次，就會增加我們最終戰勝第二定律、以及擺脫這一百三十八億年來我們所肩負的巨大自然重擔的可能性。

第11章

人類世

英國人開始燒煤來產生蒸汽動力／大規模生產引發了科學和經濟創新的熱潮／世界上的其他地區努力追趕／世界進入了一個新的地質時代，稱作「人類世」。

工業革命是另一個引人注目的複雜性門檻，引領著我們邁向現代化的巨大變革——無論我們討論的是寒武紀式的新技術大爆發、思想和教義的革命，或者地球上所有人類生活方式的徹底改變。更別提工業革命如何開啟了另一個地質時代——人類世——的大門，在這個時代，人類對於地球的影響遠比三十八億年生命歷史中的任何單一物種都還要迅速和猛烈。人類世是全新世（Holocene，最後一個冰河時期末尾開始的時期）之後的一個地質時期。這個用語源自希臘文「*anthropos*」，意思是「人類」。

我們目前所處的複雜性水平，在已知宇宙的歷史中前所未見。就結構的複雜度而言，整合的全球化現代系統中包含了史無前例的人口數（在撰寫本書時達到七十九億），他們全都是集體學習系統裡的潛在創新者，透過近乎即時的通訊、交通和前所未有的識字率而結合在一起。維持著這個知識網的，是無比複雜的貿易、供應、法律和能源生產網絡，以及比以往更多樣化的勞動力。就能量流來看，社會的自由能率密度（free energy rate density）[14]從農業時代的平均十萬爾格／克／秒，增加到十九世紀工業化時代的五十萬爾格／克／秒，再到現今已開發社會的兩百萬爾格／克／秒。

第二次大分化：工業革命造成的勞動力分化

第一個關鍵要素是利用化石燃料進行工業生產。化石燃料包括煤、石油和天然氣。之所以稱

14 編按：一種物理與系統科學中常用的概念，用來衡量一個系統每單位質量、每單位時間所能處理或流通的「自由能」量，即一個系統處理能量的能力與組織複雜性的量化方式。

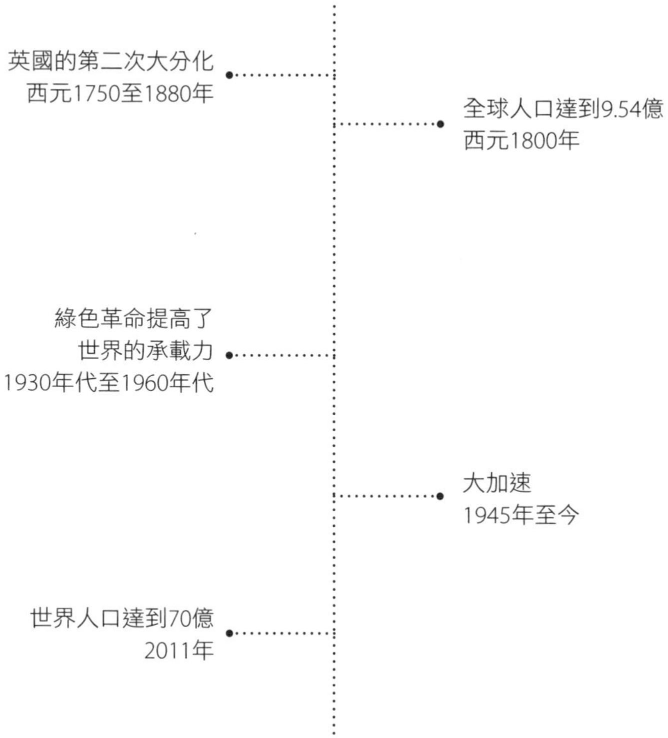

作化石燃料，是因為它們實際上是一千萬至六億年前滅絕的生物遺骸。煤是由三億五千萬年前倒地的巨樹所形成的，在板塊構造運動的擠壓下，於岩層中形成了堅硬、厚實的煤層。煤燃燒時會釋出無數植物的總能量。因此，當化石燃料被用於工業機械時，產出的能量遠遠超過人類勞動、動物勞動或燃燒木柴所能產生的能量。煤提供動力，推動了十八和十九世紀的工業革命，迄今還在為許多人類的能源網提供動力。

石油同樣也是由數億年前死亡的單細胞生物——和一些多細胞生物——所形成的，它們被地殼壓力擠壓成泥稠樣態。還有天然氣穴，天然氣是石油化石化過程中的副產品，是當壓力將生物體內的所有殘留氣體擠出時產生的。

工業革命始於十八世紀的英國。一七一二至一七七五年間，蒸汽機不斷改良，紡紗機製造織品的速度比手工織布更快，還有更大量、更精煉的鐵：這一切點燃了大規模生產最初的火花。一七五〇至一八〇〇年間，英國紡織工業使棉紡織品的價格下降幅度達到百分之百。到了一八二〇年，英國已成為領先全球的鋼鐵生產國。儘管人口少，但工業革命使英國成為世界上最富有的國家。

農業不再是英國社會的主要產業。到了一七五〇年，英國經濟約有百分之五十建立在商業投資上。一七五〇至一八五〇年間，英國農民的數量從總人口的百分之六十下降到百分之三十。十九世紀接著出現勞動力的大分化，工程師、律師、科學家和企業家等專家，為集體學習做出比以往更大的貢獻，促使創新的爆炸性進展。每個工業化國家都發生了類似的現象。

英國的領先優勢持續加大，直到一八八〇年左右，儘管英國人口很少（一八八〇年時約占世界總人口的百分之二至二．五），但卻生產了全球百分之二十三的商品。相較之下，一八八〇年時的中國雖占世界人口的百分之三十，但只生產了世界製成品的百分之十二，而在一八〇〇年時，中國可是生產了世界製成品的約百分之三十三，與之身為農業經濟體的人口規模大致成比例。

世界各國努力趕上工業化腳步

英國的工業化進程領先世界其他地區至少幾十年（某些情況下甚至領先超過一個世紀）。英國在對抗拿破崙的戰爭和一八一二年的美英戰爭中，分別抵擋住拿破崙及其盟友和美國的進攻，並在一八三九至一八四二年的第一次鴉片戰爭中，擊敗了曾經強大的中國，逐步建立起人類歷史上最大的帝國。

隨著工業化的優勢日益明顯，其他國家努力群起效尤。比利時在一八二〇年代和一八三〇年代就已開始工業化。法國在一八四〇年代開始工業化，但成敗參半——在一八八〇年，僅占世界製造業總量的百分之八，而英國則占了百分之二十三。他們之後追上了——某種程度上。普魯士於一八五〇年代開始工業化，而其他日耳曼國家落在其後，但於一八七一年整合成德國後大力推行工業化。到了一九一〇年代和一九二〇年代，德國的工業產能將超越英國。工業產能水準和兩次世界大戰的發生並非偶然。

美國是第一個在工業生產上明顯超越英國的國家。一八六五年結束內戰後，美國在西部進行一段時期的拓殖，在北部實施重工業化，並接納了大批移民。到了一八八〇年，美國人口成長到五千萬，數量已多於英國，美國生產了全世界百分之十五的製成品。到了一九〇〇年，美國人口已增加到七千六百萬人，製造業產值占全世界製造業總量的百分之二十五至三十。相較之下英國黯然失色，而美國的領先優勢將愈加擴大。

擁有超級大國地位的現代要素十分明確：擁有盡可能多的人口，前提是必須完全工業化和徹底開發。這正是為何現今只占十五億人口的國家主宰著其他六十五億人口，也是中國和印度等國家為何繼續致力於工業化的原因。想像一下，如果十四億人口的中國工業化程度和現在三億三千萬人口的美國一樣高，會是怎樣的情況。

除了西方國家之外，另有兩個早期工業化國家也渴望跟上腳步，在全球舞台上維持耀眼的地位。俄國在十九世紀時嘗試進行工業化，但到了一九〇〇年，儘管有一億三千六百萬人口，產業工人仍僅占全國人口的百分之五，總產值僅占全球的百分之八．九。俄國需要經歷第一次世界大戰、蘇聯的崛起，以及史達林的血腥統治，才得以推動更高程度的工業化——即便如此，俄國在全球製成品占比的成長也十分有限。

日本比較成功一點。一八六八年明治維新後，日本進入快速現代化和工業化時期。中央政府邀來西方專家，制定了相當西化的憲法，並大力補貼所有嘗試工業化生產的工廠，藉此在半個世紀內就從封建社會轉變成現代社會。日本的人口相當多，可以建立起龐大的工業經濟，然而在一九〇〇年，日本的工業產量僅占世界總量的百分之二．五，直到第二次世界大戰後，這個百分比才大幅增加。此後，日本的「經濟奇蹟」使其龐大的工業化人口變得異常富裕，至今仍位居世界第三，僅次於美國和中國。

世界區域的整合、化石燃料的力量，加上貿易和科學進步的不平衡，讓規模更勝以往的龐大帝國得以建立。歐洲、美國和日本相對規模較小的軍隊，控制了大片領土和世界上的大多數人口。到了一九一四年，大約百分之八十五的地表都落入外來帝國的控制。

兩次世界大戰和數十次革命都沒能真正改變這種不平衡。美國和蘇聯在冷戰中（直接和間接）行使巨大的帝國權力。自一九八九年以來，美國一直主宰著世界舞台。中國目前正成功地將其影響力快速擴展到亞洲、非洲、歐洲、澳洲和美洲。就連法國也在西非保有雖然常被忽視、但意義重大的帝國影響力。世界上的大多數國家仍然被少數國家所宰制，任何以為帝國時代已在二十世紀中葉結束的人都應該再看清楚一點。帝國只是以更隱祕的方式在運作，公關手段也稍微更勝一籌。

一九四五年至今的「大加速」

一八七〇至一九一四年間，世界出口量的年平均成長率為百分之三．四，人均GDP的年平均成長率為百分之一．三。一九一四至一九四五年間兩次世界大戰的災難時期，出口量年均成長率萎縮至百分之〇．九，人均GDP年均成長率萎縮至百分之〇．九一。此後，核彈使大國之間的戰爭成本變得過於高昂。說來諷刺，由於史上最具破壞性的武器問世，自一九四五年至今，至少是五千五百年以來世界歷史上（相對而言）最「和平」的時期之一──若考慮到早期農業社會的衝突和掠劫事件，以及智人出現的三十一萬五千年前，當時覓食社會的百分之十謀殺率，這段時期可能還更久。

因此自一九四五年至今，出口量、GDP、人口和複雜性都歷經了前所未有的成長。這段時期稱作「大加速」（Great Acceleration）。一九四五至二〇二〇年，出口量的年平均成長率為百分之六，全球GDP年均成長率為百分之三。讓我們這麼說吧，人類複雜性的大部分「忙碌活兒」都發生在過去七十年。對某些人來說仍記憶猶新。

如今，美國仍居於領先地位，人口約三億三千萬，大約占世界GDP的百分之二十五。中國目前人口約十四億，仍處於工業化階段，其GDP占全球的百分之十六。排名第三的經濟體是日本，占百分之五．八，德國占百分之四．三。相較之下，人口眾多的俄國僅占全球GDP的百分之一．八。英國、澳洲、加拿大和紐西蘭的GDP總和占全球GDP的百分之六．八，如果這四國在英國脫歐後進行以CANZUK聯盟[15]為基礎的整合，這個數字可能會引起大家的興趣。印度的人口有十三億五千萬，但工業化程度落後於中國，目前的GDP僅占全球總量的百分之三．三。就中國和印度的情況而言，其GDP成長其實只是調整回與它們的世界人口占比相稱的比例，逆轉十九世紀的第二次大分化。前提是如此龐大的人口，不會在近期內妨礙進一步的經濟成長。

從全球角度來看，世界人口已從一九四五年的二十五億，增加到如今的七十九億（儘管等到大多數人讀到這本書的時候，世界人口可能已經達到八十億）。世界人口歷經三十一萬五千年的時間才達到第一個十億，又花了一百年時間達到第二個十億，然後每隔幾十年再增加十億。一九三〇年代至一九六〇年代的綠色革命，創造出若干高效能化學肥料、農藥，以及人工改良的穀物和稻米，提升了全球承載力。儘管印度和中國等地區在十九世紀和二十世紀初期至中期經歷了可怕的飢荒，但此後的人口卻呈爆炸式成長，飆升至數十億。

15 譯註：加拿大（Canada）、澳洲（Australia）、紐西蘭（New Zealand）和英國（UK）五國國名的首字母縮寫。

一九一四年世界GDP產值為二・七兆美元，一九九七年為三三・七兆美元，二〇〇八年為六十三兆美元，本書撰寫時為八十七兆美元。在糧食生產方面，總產量從一九〇〇年的四億噸增加到今天的二十多億噸。灌溉土地面積從一九〇〇年的六千三百萬公頃增加到一九五〇年的九千四百萬公頃，再到現在的兩億六千萬公頃。

在很短的時間裡，全球人類所製造的東西比人類過去三十一萬五千年歷史裡的任何時候都還多，他們在一個全球系統中工作，這個系統比過去一百三十八億年以來的任何系統還要複雜。我們如今生活在一個具備七十九億個潛在創新者的網絡中，處

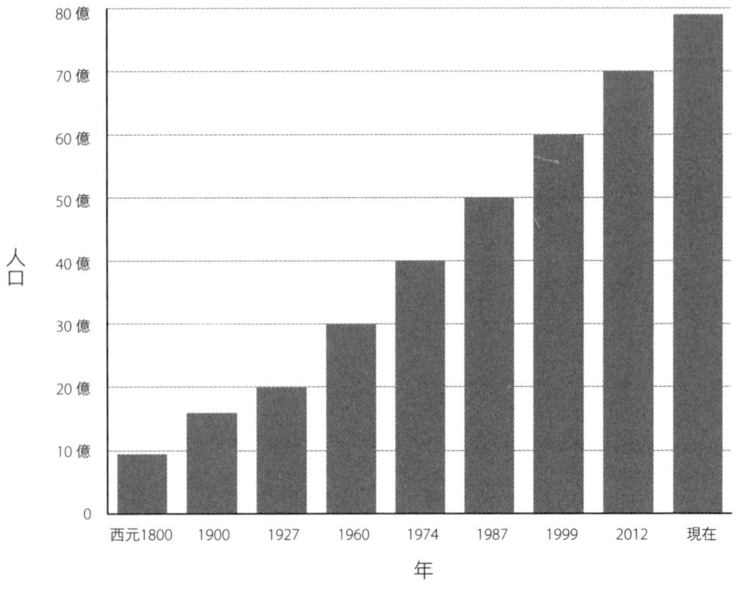

人類世的人口爆炸

於電子郵件和網路的即時通訊網。這預示著未來的集體學習將會加速，尤其因為發展中的經濟體的居民獲得了更多教育和就業機會。

人類世的影響與問題

從多項指標來看，人類如今已成為地表上居於主導地位的環境和地質力量。自三十億至二十五億年前的大氧合事件（Great Oxygenation Event）[16]以來，從未有生物對地球的演化產生過如此深遠的影響。

關於人類世真正的起始時間，目前存有爭議。有人將之追溯到一萬兩千年前農業的伊始，當時為了清理出耕地而進行的大規模砍伐森林，可能已經增加了碳排放。人類開始改造地貌，馴養和繁殖無數新的動物物種。大多數人類世概念的提倡者並不認為這些變化足以構成一個全新的地質時代。有人將人類世的起始追溯到一七五〇年或一八〇〇年左右工業革命開始時，因為此時碳排放量的增加與技術改變環境的作用，大於以往的任何時候。還有人認為人類世始於大加速時期，理由是人類的大部分成長都發生在一九四五年之後，

16 編按：指地球地質歷史上海洋和大氣層內的氧氣含量突然增加的一段時間。該事件永久改變了地球大氣的成分，為需氧生物的出現以及最終現代人類興起奠定了基礎。

同時也因核武試驗的開始，擾亂了世界各地的衰變同位素原子鐘[17]。

單就年滅絕率來看，由人類所造成的滅絕，速度和過去五億五千萬年中發生的五次大規模滅絕一樣快，難怪有人說，人類正在推動人類世的第六次大滅絕。此外，自一九〇〇年以來，人類的淡水使用量增加了十倍，這可能導致人類和其他生命所共同依賴的地球含水層完全乾涸。我們已經使全球百分之七十的珊瑚礁處於危險境地。過去的七十年裡，大氣中的二氧化碳含量已增加到四〇〇ppm以上，高於以往三百萬年中任何時期的水準。許多事實似乎都在暗示地球系統遭受了極大的影響，而且兆頭好像都不是特別好。

關於氣候變遷議題，自工業革命開始以來，我們已經使全球平均氣溫上升了大約一度C，我們正在接近一千年前中世紀溫暖時期（Medieval Warm Period）的平均氣溫。如果全球均溫上升超過四度C，那麼海洋裡和西伯利亞儲存的冰凍甲烷就有可能融化，從而引發失控的溫室效應，使全球氣溫上升五度C或六度C。長期來看，海平面上升將導致可耕地面積減少、人口挨餓、生物多樣性消失，並淹沒許多人口稠密區。

人類世另一個令人擔憂的問題是人口的急劇增加。幸好，工業化似乎也減緩了已開發經濟體和開發中經濟體的人口成長。話雖如此，到了二〇五〇年，世界人口將達到九十億，二一〇〇年將達到一百億至一百三十億。人口成長大部分發生在世界上最貧窮、最沒有能力應付人口過剩的地區——主要是撒哈拉以南的非洲。這將引發許多問題。我們若不是要藉由快速工業化來減緩人口成長，就是要放棄工業化（希望能夠說服非洲、印度和中國）——而且我們正面臨在最接近生存邊緣的地區發生馬爾薩斯災難（Malthusian disaster）[18]的風險。目前全球百分之六十五的碳排放來自開發中國家。唯一長遠的解決之道似乎是氫融合之類的技術，該技術將使全世界享有對環境衝擊相對較小的大量廉價能源，從而使世界上的窮人可以實現工業化，並如願提高生活水準，而不會冒著全球崩潰的風險。

從鳥瞰全局的長遠角度來看，在達到複雜性的新門檻時，隨之而來的第一次爆炸性成長後，應該會接著經歷一段緊張時期，此事殊不為奇。我們在人類採行農業不久後便看到了這一點。目前我們處於人類世的極初期，尚未感受到嚴重的壓力。在演化史的每個階段，物種都會將它們所處的環境消耗殆盡，而且必須透過改變自身的特質來競爭資源和能量流。最終，複雜性會吞噬掉宇宙中所有的能量流，直到能量被耗盡，複雜性本身也會消亡。

人類在人類世所面臨的問題是，我們能否及時創新，以免承載力再次不足，並避免又

---

17 編按：同位素依有無放射性分成「放射性同位素」及「穩定同位素」。放射性同位素將放射質點或能量釋出、變成沒有放射性的過程叫「衰變」，這種衰變有固定的速率，就像精確的時鐘一樣。「衰變同位素原子鐘」便是科學家利用放射性同位素的衰變速率來測定地質年代和環境變化的方法，而核武試驗釋放了大量人工放射性同位素到大氣中，改變了自然環境中同位素的原始比例，因而會擾亂衰變同位素原子鐘的測定。

18 編按：英國神學家托馬斯·馬爾薩斯（Thomas Malthus）提出的論點，他認為人口增加的速度一定會超過食物供應的數量，最後導致大災難。

一次陷入可怕的衰退和大量死亡的時期。身處這個黃金時代，我們是否會進一步向上提升，還是會向下沉淪到戰爭的鐵器時代，或毀滅性的新黑暗時代。

這將引領我們在最後一章探討未來——那是關於宇宙生命將來的幾個世紀、幾百萬年，以及接下來的無數個億萬年。

第 4 部

未知階段

現在到距今10^{40}年後

第12章

近未來與深遠未來

人類在人類世的命運有四種大致的可能性／宇宙的自然未來，將見證複雜性的消退／深遠未來中複雜性的潛能可能導致超級文明的崛起／宇宙的終局將是「大凍結」、「大撕裂」、「大擠壓」或「大挽救」。

起初宇宙是一個白熱的能量點，我們周遭所見（無論憑藉肉眼或功能強大的顯微鏡和望遠鏡）一切事物的一切成分都已經存在。根據熱力學第一定律，沒有任何東西（至少在牛頓尺度上）會被創造或毀滅，它們只是改變形式，我們**就是**宇宙，是當中高度複雜、有意識和自覺的一部分。是在看著自己的一個整體。光是這個事實就值得我們慶幸了。儘管我們的視力有諸多缺陷，但我們還是具備了洞察未來的能力。沒有多少原子團可獲此殊榮。

當可觀測宇宙的物理定律在大爆炸後10^{-35}秒變得連貫時，能量分布不均勻的微小點也出現了。熱力學第二定律開始迫使這些點變得均勻，方法是將能量從**較多**的地方轉移到**較少**的地方，以達成能量均勻分布的宇宙。能量流創造出恆星、各種化學物質、生物和社會。宇宙中的所有複雜性都是由能量流創造、維持和提升。從陽光到行光合作用的植物。從餐桌到嘴裡。從加油機到噴射引擎。在一個99.9999999999%已死亡的宇宙，當中的微小點已變得愈來愈複雜。無論接下來的事情如何發展，我們有幸歷經這部分的旅程，其複雜性高於以往一百三十八億年的任何時候。這種幸運，不只是我們感覺上的幸運，也是數學意義上幾千萬億分之一的幸運。

複雜性是宇宙歷史的總體趨勢，而集體學習是人類歷史的總體趨勢——這又回過頭來提升了複雜性。我們可以用這兩種趨勢，對短期和長期的未來做出預測。這在歷史研究領域中是較罕見的，再者，只有在未來，複雜性和集體學習的趨勢才會真正產生結果，並讓讀者清楚了解上升趨勢的含義。

那麼，我們的故事接下來到底可能會如何發展呢？

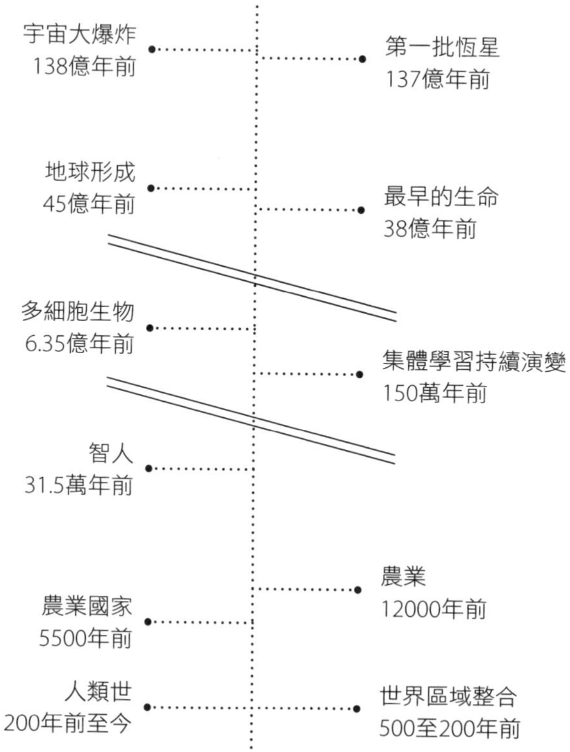

預測未來

在預測未來時，你不能只預測一個未來，而是要好幾個未來。然後根據每種情況的可能性一一進行評估。這些多重未來，無論它們確切的細節如何，都同屬一個範疇。

1. **預測中的（Projected）未來：**科學所說的事正在發

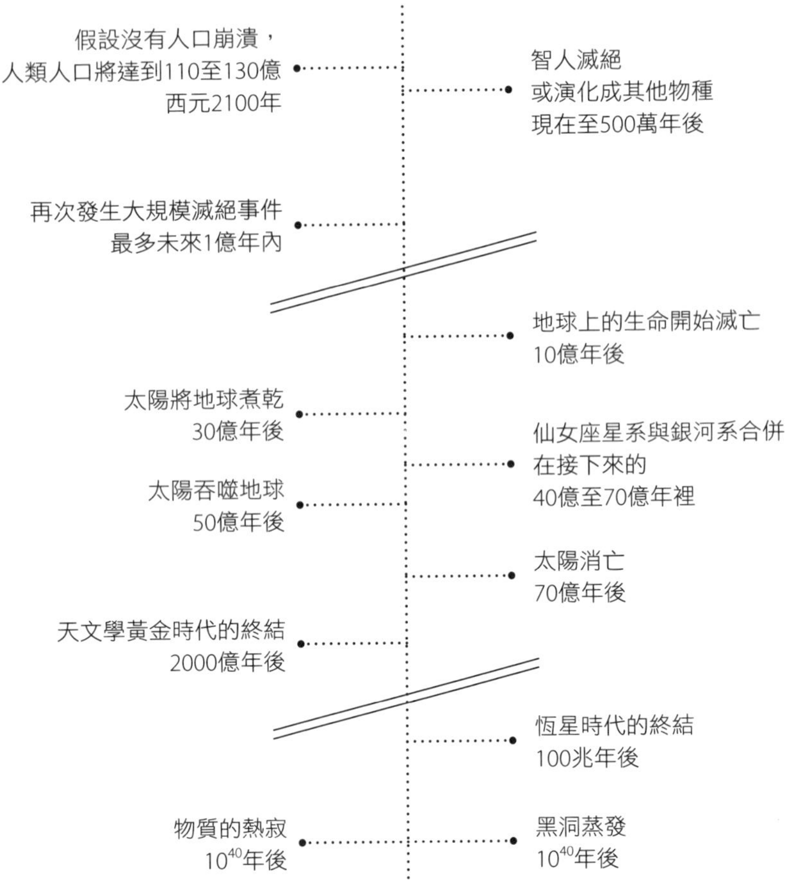

生。事情的發展正符合目前趨勢所顯示。一切如常，我們假設變數或行為不會發生重大改變，也沒有不斷變化的發現。預測中的未來甚至可能不是最可能的未來，因為新發現和變數的改變終將發生，但它為我們的預測提供了重要的基礎。舉例來說，預測中未來溫室氣體的排放與全球工業成長的結果，將以目前的速度持續下去。

2. **可預期的（Probable）未來**：依照科學所言會發生的事。已知科學範圍內的變異或改變，預示著趨勢的走向。可預期的未來是預測中的未來的誤差幅度，或變化幅度。可預期的未來是指科學已經理解但尚未實現的事情：例如，過渡到並更依賴太陽能技術並減少對化石燃料的依賴。

3. **可能的（Possible）未來**：科學可能發現的事。包括某個科學仍未知的發現改變了未來的結果，或者我們無法用科學詳細地解釋其運作方式的情況。我們不是深具遠見的工程師，無法預測兩百年後的技術進展。想像一下，在西元一八〇〇年預測網際網路的存在及它對社會所造成的影響，這會是多麼困難的一件事。可能的未來有一個未知變數，就像代數方程式一樣：「現在＋X＝結果」。事實上，就像代數方程式一般，我們可以藉由已知變數而更清楚了解X的實際值。人工智慧、核融合或量子運算創新（我們還不知如何掌握其工程技術）的重大進展都屬於這一類。

4. **荒謬的（Preposterous）未來**：科學所說不可能發生的事。在這種情況下，某個結果似乎公然違反了已知的科學定律，與一切現有數據或理解相矛盾。荒謬的未來在預測中扮演重要的角色，因為只要藉由對比，就能清楚定義可能的未來。它能防止對技術的過度猜測，但也能用來預測目前令人太難以想像的技術。在尚未發明火箭、甚至還沒有人類飛行的西元一八〇〇年，對當時的人們來說，登月可能顯得荒唐可笑。例如某個違反熱力學第二定律的技術，就是現今的一種荒謬未來。

事實上，如果時間夠長，複雜性可以將荒謬的事情變得可能，然後可預期，甚至預測中。就算別無可能，找出可能性極限的唯一方式就是超越它們，走向不可能。

分析近未來

預測擁有億萬年時間尺度的深遠未來（Deep Future），確實比預測數百年或數千年以後的近未來（Near Future）更容易。這完全取決於複雜性。大範圍宇宙中需要數十億年時間才會發生的宇宙變化，所涉及的是**相對**簡單的系統和計算。只要我們有正確的數據，就能知道太陽會存在多久、仙女座星系需要多長時間才能與銀河系結合，儘管這些是好幾十億年以後的事。人類是一個複雜得多的系統，每個個人都能做出無數種不同的行為。在數十億人所組成的集合體中，這將會是一個相當龐大的計算量——沒有任何超級電腦能夠勝任這項運算工作。我們很難預測人類偶然會出現什麼發明，以及這些發明將如何影響人們的社會行為。最後，人類與自然之間的交互作用（也是一件非常複雜的事），使得我們難以預測疾病或自然災難的發生。

儘管下一個世紀的事件難以預測，但在一百至三百年內的近未來，所有可能的結果可分為四大類。它們和人類複雜性的提升、穩定、下降或崩潰與否有關。

1. **技術突破**：未來一百至三百年內，人類社會現有的生產方式不會達到極限，創新的速度與人口成長保持同步。這或許會牽涉到核融合能源在經濟上可行的分配，讓能源變得夠便宜，就連最貧窮的國家也可以得到發展，使全球能源和生產的極限以指數方式增長，而且不會像化石燃料那般造成生物圈的相應惡化。但如此的突破也包括了人類將未來複雜性的控制權交給人工智慧。也就是說，集體學習引發了複雜性的另一次躍進。

2. **綠色平衡**：未來一百到三百年內，人類社會不會在近未來取得重大的技術突破（此事無法保證，因為第一次農業革命和工業革命相隔一萬兩千年），並且會量入為出，以免生物圈徹底惡化。這可能包括較小規模的技術創新，以及一些良好的規劃、政府政策和轉向更永續的生產方式。人類的複雜性既不會明顯提升，也不會明顯下降。

3. **創造力下降**：人類社會採取某種政策，實際減少了生產和消費量，以避免發生環境或人口災難。這是在刻意打壓人類的複雜性。這個類型中會出現的情況包括徹底控制和減少人口、廢除重工業、限制汽車和航空旅行、限制能源消耗和生產，而不是開發可再生的替代品、定額配給食品和衣服等等。經過一段足夠長的下降期後，人類的複雜性會非常類似三百年前的農業國家，而非現今社會。

4. **崩解**：涉及所有可以想像得到的末日場景。環境災難、核子戰爭、超級細菌、小行星撞擊或超級火山爆發。這個類型涵蓋了人類的複雜性急劇下降的所有境況，無論原因為何。

請你花一點兒時間，問問自己哪一種未來最有可能？為什麼？近二十年來，有關氣候變遷的公眾討論，明顯引起已開發國家的悲觀情緒。兩年的全球疫情造成失業和精神健康等問題激增，很可能使這種悲觀情緒進一步升高。

然而，在足夠長的時間尺度下，集體學習終將促成技術的再度突破。人類的複雜性只需在這個已然發生的情況中支撐夠久而不崩潰，就能發揮作用。就此意義而言，人類在二十一世紀的巨大任務就是設法存活下去。我們極有可能會存活下來，這意味著複雜性可能在未來的幾千年繼續升高——意味著將出現所有驚人的新突破。

在宇宙日益變複雜的大背景下，

氫反應器

二十一世紀發生的事情，可能決定了此一趨勢會繼續下去或就此結束。從這個意義上來說，現在活著的世代和未來幾年將出生的世代，正處於歷史的關鍵時期。期間人類的行為將產生放大的影響，其重要性會遠超過以往三十一萬五千年來任何一位國王、農民、農場主或覓食者所造成的影響。從很真切的物質和時間意義來說，你一生中所做的每件事都很重要，而且可能會影響未來——以前極少有個人行為能做到這一點。

「自然的」深遠未來

對深遠未來的分析大致可分成兩大類。第一類是關於地球和宇宙「自然的」預測中和（或）可預期的未來，其中生物或社會之類的更高複雜性，並不影響宇宙的進程。第二類是一系列可能的和（或）荒謬的未來，其中複雜性將在未來百萬年、十億年甚至萬億年中不斷提升，遠超出地球人類現有階段的技術，使我們能影響、操縱大範圍的宇宙。

根據目前的數據，以下是在深遠未來中自然的預測中和（或）可預期會發生的事：

1. **十億年後生物圈滅亡**：大規模滅絕事件平均每一億年發生一次。但到目前為止，它們尚未成功終結這個世界，只是消滅了一大部分的現存物種。我們現在更確定了深遠未來的境況。大約十億年後，太陽將開始耗盡它的燃料。地球上的亮度會增加，二氧化碳含量下降，這意味著植物將愈來愈難進行大多數形式的光合作用，來養活我們這塊小小岩石上的複雜生命。十億年後，生命將會在苦苦掙扎中衰敗。十億年差不多是我們與五億四千一百萬年前寒武紀生命大爆發相隔時間的兩倍。對於多細胞物種來說，這是一段非常長的時間，足以持續演化和改變——這幾乎是我們與無頷魚脊椎動物祖先相隔時間的**兩倍**。即便人類滅絕了，期間也完全有可能演化出另一個具有集體學習能力的物種，接著在幾十萬年後達到或超越我們目前的複雜程度。

2. **三十億至七十億年後，地球和太陽的死亡**：第三十億年，太陽愈來愈大，直到將地球表面煮乾。一旦地表溫度超過一百度C（二一二度F），我們相當確定地球上的生命會就此終結。或許地球的裂縫中仍存在著一些單細胞生物，但這顯然是複雜性的下降，也是我們生物圈故事的結束。接下來，太陽將大到足以吞噬地球，燃燒和吸收剩下的一切。地球本身將被毀滅。太陽也可能會膨脹並摧毀火星，但它永遠不會變得大到超出這個範圍，小行星帶和氣態巨行星多半不會受到影響。此後，太陽將開始收縮，最終熄滅。如果我們的後代在如此漫長的歲月中仍存活著，那麼我們的技術很可能極其先進，達到有如神明般的程度。我們或許會離開地球，前往木星和土星的衛星進行改造和定居，我們也有可能對太陽進行大規模工程，使之擁有充足的氫氣供應，繼續燃燒。或者我們可能會離開太陽系，前往其他星球，完全放棄銀河系，或者演化成根本不需要住在行星上。

3. **兩百億年後，天文學的黃金時代結束**：隨著暗能量繼續加快超越光速的宇宙膨脹，我們將再也看不見來自其他星系的光。如果我們失去了大爆炸宇宙學的知識，我們將只能看見銀河系，或者以為只有銀河系存在。我們會回復到以下的看法：宇宙沒有起始日，是靜止、永恆的。銀河系就是我們的整個宇宙。這就是為什麼有些科學家將我們所處的、能看見大爆炸證據和其他星系的時代，稱作天文學的黃金時代。我們有幸能生在如此早期的宇宙階段，現今的宇宙相對而言仍處於嬰兒期，只有一百三十八億歲，還會持續存在好幾萬億年。

4. **一百兆年後，恆星末路**：一旦宇宙的歷史達到數萬億年，所有星系中將不再形成任何新恆星，只有緩慢燃燒的最小恆星仍繼續在燃燒。一百兆年後，最後一批微小的恆星將會死亡。此時，將不再有傳統的能量流來維持行星上的生命，任何中等先進的航海社會都難以找到足夠的能量流來維持或提升其複雜性。其中一個替代方案是利用黑洞發出的輻射，但這種輻射量不如恆星那樣大。這個預測的可取之處在於，在經過數萬億年的集體學習（或任何取代了集體學習的更快速過程）之後，複雜性可以達到驚人的程度。

5. **10^{40}年後，物質熱寂：**這是1後面加上四十個零，或者十個千澗年（duodecillion）後。或者換句話說，是一兆乘以一兆，**再**乘以一兆，再加上四個零。或者再換句話說，這幾乎是我們距離恆星終結時間的三倍。這時，不僅恆星已經消失，行星和小行星的結構也崩潰了。宇宙中的所有分子組合早已衰變，只剩下單一個別原子。然而這些原子也會逐漸衰變成愈來愈簡單的原子。一旦只剩下氫原子，它們也會衰變為能量，宇宙將只不過是一個充滿微弱輻射的空洞，根據熱力學第二定律，這些輻射的分布會變得愈來愈均勻。在我們的故事中，迄今為止創造複雜性的能量流將結束它們的工作，而宇宙中的所有複雜性都將消失。這就是我所說的，第二定律既是世界的創造者又是毀滅者的意思。剩下的將是一片空白的永恆，沒有變化，沒有事件，沒有歷史。這不只是世界的末日，也是我們故事的結束。一切歷史的終結。10^{40}年後，即便黑洞也會發射完所有的輻射，並蒸發成稀薄分布的能量。

這幅景象稱作「大凍結」（Big Freeze），根據目前的數據，我們預測這是宇宙複雜性歷史的終局。這個預測是建立在宇宙將持續加速和不停擴張的概念上。

如果我們觀察到宇宙的新膨脹率，從而改變我們用以進行預測的數據，那麼宇宙的終結也會出現兩種可能的未來。如果宇宙的膨脹速度比我們目前觀察到的還要快，那麼我們就會面臨「大撕裂」（Big Rip）的前景，也就是宇宙膨脹得如此之快，以致擴大了星系之間的空間，超越重力的作用，將星系撕裂，接著超越了使原子結合在一起的核力，將恆星、行星和生物撕裂。這可能在短短的兩百億年後發生。我說「短短的」，但那仍然是極長一段時間。

第二種可能的未來是「大擠壓」（Big Crunch），此時宇宙膨脹的加速度確實慢了下來並逆轉，最終將宇宙中的所有星系擠壓在一起，然後進一步回復到我們的故事開始時的白熱奇點。如果這引發了另一次大爆炸，就會導致必然的「大反彈」（Big Bounce）境況，宇宙將再度膨脹，一次又一次重生。聽起來極富詩意和迷人。目前的數據還沒有反映這一點，但如果宇宙的擴張速度減慢並逆轉，這可能需要五百億至幾千億年的時間。

儘管「大凍結」的景象聽起來很可怕，帶有「在嗚咽中死亡」的美感，但它實際上給出最大量的時間（無數萬億年）讓複雜性繼續提升，並找到解決熱力學第二定律所賦予宇宙的必死性的方案。就此意義而言，我們其實應該開香檳來慶祝，因為到目前為止，「大凍結」

似乎是我們的故事最有可能的結局。

複雜性的深遠未來

想一想，這個宇宙在所有恆星燃盡之前，將存在一百萬億年的時間，還有在物質熱寂之前，它將繼續存在數萬億年，那麼一百三十八億年的宇宙是多麼的「年輕」。想一想生物複雜性在地球上存在的短暫時間（三十八億年），以及人類存在於有文化的國家和社會這更短瞬的時間（五千五百年）。最後，再想一想以往兩百年來，集體學習和科學進步的速度有多快。

這些時間相對於宇宙將存在的時間只占極小比例，可以忽略不計。由於它的前面有很多個零，所以甚至不值得用百分比來表示。如果複雜性繼續加速提升（就像現在這樣），那麼一旦我們開始思考它在千百萬年內會發展到何等程度，更別提數十億或數萬億年後，那麼一個高度先進的社會就有可能影響宇宙的自然演化。

假設複雜性不斷提升，這種結果不僅是可能的，而且會逐漸變成可預期的，甚至是預測中的事。

然而，我們幾乎無法預測如此先進的複雜性將會是何種樣貌。人類很難推估十年後的技術會是什麼樣子，更別提在千年或百萬年的時間尺度上，去推測未來技術的樣貌。但有一種方法可以讓我們了解，這些超級文明將會變得多麼複雜強大。

在本書的開始，我們探討了複雜性的指標——創造、維持和提升複雜性的能量流密度。太陽達到二爾格／克／秒，一般行光合作用的生物達到九百爾格／克／秒，狗兩萬爾格／克／秒，人類覓食社會四萬爾格／克／秒，農業國家十萬爾格／克／秒，十九世紀工業社會達到五十萬爾格／克／秒。有了這種可量化的指標，就能預測深遠未來超級文明的複雜程度，甚至可估算我們需要多久的時間才能達成。

隨著能量流的增加，結構的複雜性也跟著提升：從一團氫原子到擁有ＤＮＡ的單一細胞，到由數萬億個細胞所組成的多細胞生物，乃至於人類、家畜和構成社會的所有機器的網絡。還有，每次能量流密度的增加，都會提升人類有意識地操縱物理定律和改變周遭環境的能力，以確保人類繼續存活。

我們無從得知在這樣的超級文明中，會出現什麼樣的科學或神奇的發明，但到目前為止，我們在故事中所觀察到的趨勢顯示，複雜性可能變得極其先進，而開始影響星系結構和宇宙演化本身。

超級文明的樣貌

一九六四年，俄國天文學家尼古萊・卡爾達肖夫（Nikolai Kardashev）提出了一個衡量的尺度，讓我們可以依據所利用能量的多寡來評估文明。這個尺度上的各個階段是以相當於行星、恆星或星系的所有能量來估算的。請注意，這並不表示某個行星、恆星或星系必定是這種能量的實際來源，而只是說某個超級文明以某種方式產生出了**等同的**能量。

1. **第一型文明（行星級）**：在人類世，人類事實上已經利用了幾乎等同於整個行星的能量。我們目前是一個「〇・七」或更高等的文明。因此，如果我們稍稍預測一下未來，我們的平均自由能率密度將是兩百六十萬爾格／克／秒。事實上，對於社會而言，這樣的平均能量流增加的幅度極小，我們可以充分猜想這樣的社會將是什麼樣子：一個人口數量沒有增長太多的行星，擁有比較豐富的能源來維持其複雜性（舉例來說，一個擁有核融合反應器的一百億人口，所有人的生活水準相當於或高於現今的已開發世界）。如果按照從覓食時代至今人類複雜性提升的加速速率來推算，計算顯示，人類將在三百年甚或更短的時間內達到第一型文明。單純從數字來看，人類的未來似乎相當**光明**，如果我們能防止複雜性倒退的話。這正是為什麼目前活著的這幾代人，在我們的故事中扮演著如此關鍵的角色。

2. **第二型文明（恆星級）**：此時，我們已經從預測中的未來和可預期的未來，轉向可能的未來，但科學尚未提供精確的知識，來解釋何種技術會讓我們進入這個階段。在這階段，人類（或我們將來變成的任何生物）利用相當於整顆恆星的能量，讓人想到戴森球（Dyson sphere）——用板子包覆恆星，吸收它所釋放的全部能量，而不只是它釋放到整個宇宙中，到達地球上的植物、太陽能電池板或其他能量來源的那一小部分能量。一個能夠利用相當於恆星的能量的超級文明，其自由能密度約為七百零二億爾格／克／秒——相較於現代社會，其複雜性大幅躍進。其結構也遠遠更加複雜，能夠操縱周遭環境和（或）宇宙的物理基本定律。兩者之間的複雜度差異，大致相當於單細胞生物之於二戰時期的噴火（Spitfire）戰鬥機引擎。到了那時候，人類顯然極有可能成為「超人類」或「後人類」。也許人類將設法逆轉生物衰老的影響，甚或將他們的意識上傳到電腦而永遠活著，無論做為集體意識或個別的半機械人。有了如此先進的運算能力，集體學習、溝通交流和新發明將以令人目不暇給的速度一路發展。同樣地，按照目前複雜性的加速速率，我們最多還需要兩萬五千年的時間。兩萬五千年前，人類覓食者遍布於非洲、歐洲、亞洲和澳洲。這大約是我們與農業時期的時間間隔的兩倍。以宇宙複雜性的預期壽命而言，兩萬五千年也只不過是無數萬億年中微不足道的一部分。即便只考慮恆星仍將繼續燃燒的一百兆年，我們也只需要它的0.000000000025%的時間，就能達到這個階段。

這些數字清楚顯示，天體生物學家和熱中「搜尋地外文明」(search for extra-terrestrial intelligence，縮寫SETI）的人早已懷疑的事：宇宙中的複雜性可能需要數十億年才能開始，然而一旦開始，每次突破的間隔時間會愈來愈短。

這讓複雜性有大量時間出現在宇宙中的某個地方——即便不是發生在我們這個物種身上。

3. **第三型文明（星系級）**：如果假設中的超級文明發現，利用單顆恆星的能量不足以操縱宇宙中最基本的物理定律，那麼他們永遠可以繼續利用相當於銀河系中兩千億至

戴森球

四千億顆恆星的能量。如此強大的超級文明的自由能密度將達到14,000,000,000,000,000,000,000,000（十四秭）爾格／克／秒。就複雜性而言，這比單一亞原子粒子與現代社會之間的差異還要大。這樣的超級文明實際上會使我們的整個戴森球社會及其力量看起來只和夸克一樣複雜。此時，我們談論的是一個擁有無可爭辯的神明般力量的社會，這種力量甚至可能操縱整個星系，以滿足其利益，即便不能操縱宇宙本身的基本定律。如果我們採用相同的複雜性加速速率，那麼儘管這個數字非常龐大，也能在不到十萬年的時間裡實現。這和我們與智人首次走出非洲的時間間隔相同。就算這些預測不準確，物理學家先前也曾估計過，我們需要五百萬到五千萬年的時間，才能到達銀河系中的每個太陽系（假設行進速度不可能超過光速）。或者大約和我們與黑猩猩或靈長類動物的最後共同先祖的時間間隔相同。即便五千萬年也只不過占地球生命存在時間的一小部分，更別提恆星和星系將繼續存在的時間長度。

如果我們真的要利用星系中的恆星來達到如此的能量水平，我們可能得將恆星移動到某種「能量網」中，這稱作星系大工程（galactic macro-engineering）。如果宇宙其他地方存在著極其先進的生命，而且已經超越我們，達到了這個水平，那麼我們試圖尋找來自其他社會的無線電訊號的做法可能是錯的。我們可能應該在四千億個星系中，尋找那些似乎無法以自然現象解釋的星系結構跡象。

4. **第四型文明（宇宙級）**：我們現在穩穩處於荒謬的未來的範疇。雖說就物理上而言，穿越銀河系是可能的，但我們需要一些違反物理的技術，才能進入可觀測宇宙中的每一個星系。然而，如果想以某種方式實現這個目標，我們將利用約6,000,000,000,000,000,000,000,000,000,000,000,000（六澗）爾格／克／秒的能量流。沒有什麼可與這樣的複雜性匹敵。第三型文明已經用盡可用來比較的對象。到目前為止，宇宙中還不存在任何如此簡單或如此複雜的事物，可以將其複雜性與我們當前的社會進行比較。但只要我們有一個數值，仍然可以計算出達到這個水平所需要的時間長度。計算的結果令人吃驚。假設我們能夠克服先前如神明般的第二型和第三型文明所面臨的諸多物理和技術障礙，我們就可以在二十萬年，甚至更短的時間內實現第四型文明。根據這項計算，我們將在大約三十二萬五千年內從目前的〇・七型文明發展到第四型文明。這只比已知智人存在的時間長一些些，也只占了複雜性存在於宇宙中的時間的極小一部分。即便這些計算結果有很大的偏差，而且複雜性的加速在某處明顯變慢，直到宇宙中的所有恆星都燃燒殆盡之前，我們還是能承受將近**九個數量級**（nine orders of magnitude）的誤差。

超級文明極不可能需要利用如此巨大的能量來取得操縱環境的能力，從而改變或打破宇宙的物理定律。這種能力很可能在第二型或第三型文明時就已經實現。

5. **第五型文明（多重宇宙級）**：既然我們已經走到了這一步，要不就一路走到底吧。假設存在一個如同第一章所述的所謂多重宇宙，而且有可能以某種方式穿越永恆的膨脹空間，並將來自各宇宙（那裡存在著能量這種東西）的所有能量流全都整合到某種網絡中（這需要我們徹底彎曲空間和時間的屬性），這麼一來，第五型文明就可以利用所有宇宙的所有能量流。可惜，我們給不出一個自由能數，不只因為這個數字會大得嚇人。如果多重宇宙中的宇宙數量是無限的，那麼這個數字也可能是無限的。如果沒有一個有限的數字，就不可能預測我們需要多長的時間，因為穿越無限數量的宇宙將花費無限量的時間。就此意義而言，如果複雜性有可能進展到那麼遠，我們將到達複雜性的「奇點」，它會奔向無限大，超越發明的事件視界，在那裡一切皆有可能。

如果「我們或許不需要走那麼遠，就能操縱宇宙的基本屬性」此一說法適用於第四型文明，那麼對於第五型文明來說，這個說法就更是無限適用了。

「大挽救」的境況

到目前為止，我們已經討論了宇宙「自然」終結的三種結果，其中複雜性對大凍結、大撕裂和大擠壓和（或）反彈等宇宙演化沒有影響。根據推測，在這些境況中，所有先進文明都無法比自己的星球走得更遠，它們最終都會滅絕。任何人都會告訴你這絕對是可能的。

但是，在別的未來中，複雜性會繼續加速，並且不會在某個時刻突然停止，透露出了我們的宇宙故事的最終結局。第二型、第三型或第四型超級文明，實際上已經能夠操縱其周遭環境，使之能以某種方式違反熱力學第二定律，並延長複雜性的壽命，持續到超過自然的終結日期。換句話說，也就是「大挽救」（Big Save）。

相對於宇宙目前的年齡，或者宇宙在大撕裂、大擠壓和（或）反彈，特別是大凍結境況下可以存在的時間長度，當我們考慮到這種超級文明能夠多快到來，將這種可能性加入清單中，稱不上不合理。

想想看，在過去六億三千五百萬年裡，地球上已存在著多細胞物種，估計約一百億個物種中，至少有一個已經產生了集體學習，並達到創造出社會的程度。大部分的工作都在過去一萬兩千年內完成了。許多天體生物學家一致認為，銀河系中可能有多達三億顆宜居行星。假設它們全都產生了多細胞生命（但事實並非如此），那仍然意味著具有集體學習能力的生物不太可能出現在銀河系的其他地方。然而，如果你也考慮到可觀測宇宙中的星系數量（約四千億個），假設每個星系平均有三億顆宜居行星，那麼另一個物種能成為超級文明的機率就會高得多。如果再考慮到這樣的物種需要數萬億年的時間才會再次出現，而我們只花了一百三十八億年就出現在地球上，那麼機率就變得相當高了。即使人類在近未來的某個時候滅絕（近來我們只要看看新聞就能覺察到這種可能性），但在宇宙的其他地方也很有可能出現第二型、第三型或第四型文明。

這也就是為什麼在對宇宙的最後階段，以及更加可預測的自然結局進行前景掃描時，都必須將大挽救考慮進來。

在大挽救境況中，我們將達到第二型、第三型或第四型超級文明（無論有何技術要求），並從事以下三項活動之一，以便將我們的複雜性延續到預測中的宇宙自然結束之後：

1. **逃離**：假設多重宇宙真的存在，我們可以簡單地離開，前往一個不那麼古老的宇宙，或者其物理屬性不包含熱力學第二定律的宇宙，不會因耗盡所有能量流而消滅掉複雜性。

2. **操縱**：假設多重宇宙不存在，或者實際上我們不可能前往宇宙米色桌子上的其他

「咖啡漬環」，那麼極其複雜的超級文明也許可能操縱宇宙的基本屬性（或改寫它們）以違反熱力學第二定律。這似乎是最有可能的情況。出現一種產生永動（perpetual motion）[19]（局部或整體）的技術，目的是消除事物自然終結的現象。

3. **創造**：與大擠壓最相容，但並不排斥大凍結或大撕裂，如果我們能夠以某種方式操縱時空，那麼我們只需重新創造宇宙大爆炸，但預先編碼了產生物理定律及物質和能量分布的條件，這些條件比我們自己的宇宙對複雜性來說更友善。

所有的大挽救境況都屬於「荒謬的」未來的範疇，因為它們不僅需要發明出某種我們目前尚不理解的東西（「可能」的未來），還需要落實當今科學認為在物理上不可能實現的事。然而，唯有走上荒謬之路，我們方可發現什麼是真正可能的事。

如果我們看看達到超級文明水平所需的時間有多短、宇宙的複雜性將持續多久，還有這些數字所顯示的超級文明的複雜性，此事就值得長記在心。諸如即時通訊、超音速旅行或登陸月球等對於幾世紀之前的人類來說似乎荒誕不經的事，現代社會都已經實現了。這

19 編按：指一種理想的機械運動，可以在不依賴任何外部能源的情況下持續運轉。

個要求對我們而言其實並沒有那麼難：只要再撐個兩萬到三十萬年，等著看看會發生什麼事就行了。

故事可能才剛剛開始

在我撰寫本書時，全球正陷入極度困難和悲觀的情緒中。人們正在經歷壓力（不盡然完全是因為疫情，但肯定因此而加劇），以及我們記憶中最嚴重的政治派系鬥爭。性格焦慮的人可能會認為，情況看起來很可疑、很危險，像是俗世週期的衰退。

因此，我很高興能夠滿懷樂觀、熱情和希望，談論著人類世和宇宙的終結。推動著我們走過所有存在的歷史的這個模式，似乎也會讓我們在不管近未來或深遠未來，都有很大的機會存活下來。而且不只是存活，還能蓬勃發展，甚至可能解開更多的宇宙奧祕。這是人類的社會、知識和努力的最高潛力，極其珍貴。

我們在當今時代的作為，可能蘊含了引發一系列驚奇事件的祕密，而且從宇宙歷史的時間尺度來看，這些事件確實已經近在眉睫。如果我們對長壽技術或超人類主義抱持樂觀的態度，那麼我們或我們的後代將有可能親自參與這場偉大的冒險。這是過去的所有努力帶給我們的一份厚禮，我們可以將它轉贈給他人。

我們跳躍式地探索了一百三十八億年以來的歷史。但這個故事可能才剛剛開始。
請勇敢一點，好好善待彼此。

誌謝

我要感謝大衛．克里斯欽（David Christian）給我的訓練，他賜予我無數機會，和我禍福與共，尤其是陪著我一起度過最近這場疫情帶來的災難。

我還要感謝我的父母親 Susan 和 Greg Baker，感謝他們無盡的支持和耐心，支持我去追求一個相當不尋常的領域。

我要感謝 Jason Gallate，他在過去幾個月裡給予我至關重要的精神支持，還讀過本書的草稿。你真的救了我的命。

為此，我也要感謝 Karen Stapley 和 Matt Diteljan 讀完本書草稿並給予很有幫助的回饋，大大提高了本書的品質。

最後，我要感謝 Milo。他知道為什麼。

圖片來源

Aira Pimping: Illustrations on pages 14, 22, 33, 35, 67, 126, 128, 146

Alan Laver: Illustrations on pages 110, 115, 118, 144, 162, 185

p. 13 NASA: WMAP Science Team / Science Photo Library

p. 24 NASA/JPL-Caltech / R. Hurt (SSC/Caltech) via Wikimedia Commons

p. 37 Mikkel Juul Jensen / Science Photo Library

p. 44 Mark Garlick / Science Photo Library

p. 45 Gary Hincks / Science Photo Library

p. 55 CNX Openstax via Wikimedia commons

p. 72 Nicolas Primola / Shutterstock

p. 73 Sebastian Kaulitzki / Alamy

p. 75 Liliya Butenko / Shutterstock

p. 77 Gwen Shockey / Science Photo Library

p. 78 Friedrich Saurer / Science Photo Library

p. 79 Nobumichi Tamura, Stocktrek Images / Alamy

p. 81 Richard Bizley / Science Photo Library

p. 82 Michael Long / Science Photo Library

p. 84 tinkivinki / Shutterstock.

p. 87 Sebastian Kaultzki / Science Photo Library

p. 90 Universal Images Group North America LLC / Alamy

p. 98 S. Entressangle / E. Daynes / Science Photo Library

p. 101 DK Images / Science Photo Library

p. 134 Rebecca Rose Flores / Alamy

p.141 Asian and Middle Eastern Division / New York Public Library / Science Photo Library

p. 166 Paul Fürst, Copper engraving of Doctor Schnabel [i.e Dr. Beak], a plague doctor in seventeenth-century Rome, with a satirical macaronic poem, c.1656, via Wikimedia Commons

p. 185 Interfoto / Alamy

p. 199 Science Photo Library / Alamy

p. 209 Kevin Gill via Wikimedia Commons

【The Shortest History系列】

世界史中的小故事與大變遷

以「大歷史」的宏觀角度，重新看待宇宙、世界與人類

The Shortest History of The World: A Fascinating Journey through Life, the Universe & Everything

作　　者　大衛·貝克 David Baker
譯　　者　林金源
封面設計　倪旻鋒
內頁排版　高巧怡
行銷企劃　蕭浩仰、羅聿軒
行銷統籌　駱漢琦
業務發行　邱紹溢
營運顧問　郭其彬
責任編輯　林慈敏
總 編 輯　李亞南
出　　版　漫遊者文化事業股份有限公司
地　　址　台北市103大同區重慶北路二段88號2樓之6
電　　話　(02) 2715-2022
傳　　真　(02) 2715-2021
服務信箱　service@azothbooks.com
網路書店　www.azothbooks.com
臉　　書　www.facebook.com/azothbooks.read

發　　行　大雁出版基地
地　　址　新北市231新店區北新路三段207-3號5樓
電　　話　(02) 8913-1005
訂單傳真　(02) 8913-1056
初版一刷　2025年9月
定　　價　台幣450元

ISBN　978-626-409-134-3

有著作權 · 侵害必究
本書如有缺頁、破損、裝訂錯誤，請寄回本公司更換。

THE SHORTEST HISTORY OF THE WORLD by DAVID BAKER
Copyright: © 2022 by DAVID BAKER
This edition arranged with SCHWARTZ BOOKS PTY LTD TRADING AS "BLACK INC." through BIG APPLE AGENCY, INC., LABUAN, MALAYSIA.
Traditional Chinese edition copyright © 2025 Azoth Books Co., Ltd.
All rights reserved.

國家圖書館出版品預行編目(CIP)資料

世界史中的小故事與大變遷：以「大歷史」的宏觀角度，重新看待宇宙、世界與人類 /大衛.貝克(David Baker)著；林金源譯. -- 初版. -- 臺北市：漫遊者文化事業股份有限公司出版；新北市：大雁出版基地發行, 2025.09
256面；14.8 × 21公分. -- (The shortest history系列)
譯自：The shortest history of the world : a fascinating journey through life, the universe & everything
ISBN 978-626-409-134-3(平裝)
1.CST: 世界史 2.CST: 生命科學 3.CST: 地球
711　　114010160

azoth books 漫遊者
漫遊，一種新的路上觀察學
www.azothbooks.com
漫遊者文化

遍路文化 on the road
大人的素養課，通往自由學習之路
www.ontheroad.today
遍路文化 · 線上課程